"百岁时代"下的老年群体：
特征、需求与赋能

钱婧 屈逸 王斌 著

中国财经出版传媒集团
经济科学出版社
Economic Science Press

图书在版编目（CIP）数据

"百岁时代"下的老年群体：特征、需求与赋能/钱婧，屈逸，王斌著. —北京：经济科学出版社，2020.8
ISBN 978-7-5218-1848-2

Ⅰ. ①百… Ⅱ. ①钱…②屈…③王… Ⅲ. ①老年社会学-研究 Ⅳ. ①C913.6

中国版本图书馆 CIP 数据核字（2020）第 167967 号

责任编辑：李晓杰
责任校对：杨　海
责任印制：李　鹏　范　艳

"百岁时代"下的老年群体：特征、需求与赋能
钱婧　屈逸　王斌　著
经济科学出版社出版、发行　新华书店经销
社址：北京市海淀区阜成路甲 28 号　邮编：100142
总编部电话：010-88191217　发行部电话：010-88191522
网址：www.esp.com.cn
电子邮箱：esp@esp.com.cn
天猫网店：经济科学出版社旗舰店
网址：http://jjkxcbs.tmall.com
北京密兴印刷有限公司印装
710×1000　16 开　11.25 印张　160000 字
2021 年 1 月第 1 版　2021 年 1 月第 1 次印刷
ISBN 978-7-5218-1848-2　定价：46.00 元
（图书出现印装问题，本社负责调换。电话：010-88191510）
（版权所有　侵权必究　打击盗版　举报热线：010-88191661
QQ：2242791300　营销中心电话：010-88191537
电子邮箱：dbts@esp.com.cn）

前　　言

"我们正在经历一场静悄悄的革命，它（人口老龄化）远远超出人口学的范畴，它将给经济、社会、文化、心理和精神均带来重大影响。"时任联合国秘书长安南在1998年10月1日的国际老人节发起日指出，人口老龄化已经成为全人类共同面对的时代命题。

得益于公共卫生体系及医疗水平的进步，人类的人均预期寿命得以不断增长；然而，世界人口出生率却在不断下滑。千禧年以来，在长寿与低出生率的共同作用下，世界老年人口的数量以每年高于2个百分点的速度增长，远高于人口总数的增速。联合国经济与社会事务部人口司编纂的《世界人口展望：2019》显示，目前，65岁及以上的老年人口在全球总人口中约占9.1%。根据世卫组织的标准，在全球范围内，人类已经正式进入老龄化社会。

事实上，老龄化问题并非专属于发达地区，亚洲、拉丁美洲等地区的发展中国家也显露出"未富先老"的征兆，同时也面临着"未备先老"的挑战。中国作为人口大国和发展中国家，在此趋势中无疑面临着更大的冲击与挑战。国家统计局发布的数据显示，截至2018年末，我国60岁及以上的老年人口总数达到2.49亿，占全国总人口数的17.9%，约为全球老年人口的25%，即全世界有1/4的老年人口生活在中国。此外，近年来，我国人口结构也发生了重大变化，2017年老龄人口增长首次突破1000万人，2018年和2019年的年增长也达800万人和945万人。深入探讨中国的老龄化问题不仅对我国社会健康发展具有重要意义，同样也有助于应对这一人类社会所共同面临的问题。

"百岁时代"下的老年群体：特征、需求与赋能

目前，国内外的老龄化社会研究大多聚焦于人口学层面。学者们习惯于将老年人假定为社会的"负担"，主要探讨老龄人口结构对社会经济发展的负面影响。事实上，我们对老年人的认知存在大量的空白和偏见，老年人的需求和价值常常被忽视甚至被无端贬低。例如，鲜有研究关注老年人的行为特征和内心需求，更遑论老年人独有的社会价值。

诚然，探讨人口学层面的老龄化问题有助于为政策制定提供理论和实证依据。但我们需要认识到，每一位老年人都是独特的个体，每位老年人都值得拥有一个"值得过的"晚年。如今的老年群体不但具有鲜明的时代特征，更具有很大的个体差异。即便是对于具有共性的一些人生事件，如退休、夫妻纷争、配偶或者自己患有疾病、配偶及父母的离世、孩子的独立等，每个人都会有自己的应对态度和解决方法。新时代的老年人不再是传统印象中迟钝、守旧、古板、暮气沉沉的负面形象，他们在人类社会中扮演着空前重要的角色，表现出丰富的自我需求，同时也具备一定的社会资源和能力去实现这些需求。老年人不再是社会的边缘群体，他们活跃于政治、经济、文化等各个领域，扮演着不可替代的重要角色。

同时，我们需要注意的是，"老"这个词以及"变老"这个过程，是每一个生命体都需要面对的功课。这些词也同样牵动着那些三四十岁甚至更年轻群体的焦虑神经。生活在现代社会，每个人都接受着看似矛盾的信息：一方面，各种招聘广告的年龄限制，给职场人敲响了惊魂警钟，"35岁"这个从任何角度看来都是正当年的年龄，已经是绝大多数职位的年龄上限；另一方面，学者们告诉我们，未来，我们中的一半人将活到100岁，看到22世纪的曙光。企业家们也在为"百岁人生"振臂呐喊，大健康已然变成投资圈的热议话题。那么，到底"老"和"变老"意味着什么？它是礼物还是诅咒？这是本书想要探讨的问题之一。

人类具有的对待老人的态度和方式，是独有的，是在其他动物身上并未出现的。除了既有的善意，我们认为，社会亟待重新认识当今的老年群体以及正在走向老年的人群，这有助于改变政府、社会组织、家庭和个体对老年群体根深蒂固的刻板印象，帮助我们以更有温度的姿态应

对这一正在悄然进行的社会变化。基于近年来心理学、社会学和公共健康等领域的研究成果，本书首先勾勒了当前老龄社会的宏观图景，并重点探讨了新时代老年群体在消费、社交、学习行为以及社会参与方面的鲜明特征。本书从人的发展历程的视角，探讨目前老年群体的现状和可见的未来图景，希望可以帮助所有人思考，如何实现生命历程中的对"老"的准备、过渡和经历。

在主体章节，我们主张用积极和发展的眼光看待老龄化问题和老年人群。我们认为，随着人类预期寿命的不断增长，未来世界的呈现形式可能超乎我们的想象。在这种发展的眼光下，本书强调政府、社会组织、家庭和个体等多个行为主体协同合作，以满足"老有所养，老有所医""老有所获，老有老友"和"老有所学，老有所为"三个基本需求，并且欣然面对可能出现的多元化的新要求和新期待。在这一过程中，老年个体不再是被动的接受者，而是社会价值的创造者和未来世界不可或缺的一部分。未达老年的个体，也不再是旁观者，而是老龄社会的一部分，是新范式和新模式的制造者和受益者，是未来的策划者也是亲历者。

通过阅读本书，读者不仅可以了解国内外在老龄事业及老龄政策方面的经验、不足与未来展望，还可以从中收获认可老年价值、悦纳衰老的精神储蓄。随着年龄、经历而增长的人生智慧，是老年群体无法被抹杀、交易和窃取的宝贵资源，这是贯穿全书的重要思想之一。除了认知之外，本书也为老年人如何保持身心健康、改善人际关系、继续学习成长和参与社会生活等提供了较为实际的建议，希望可以启发老年群体实现自我赋能。同时，我们认为这也是一本给各个年龄层增益洞见的书，任何时代，总有一些人具有前瞻性和渴望多元化的思维，而重新认识现在与未来的老年群体，对个人的规划和商业的发展都大有裨益。

本书共分为七章：

第一章从宏观层面介绍了世界人口老龄化的进程和发达国家的应对策略，以及中国人口老龄化的特点和形成原因。20世纪中叶以来，随着人均预期寿命的提高、死亡率和生育率的下降，世界人口老龄化趋势不断深入发展，并逐渐向亚洲、拉丁美洲等地区的发展中国家扩散。作为人类从高生殖率和高死亡率转变到低生殖率和低死亡率的必然结果，老龄化社会将成为未来世界的"新常态"，对社会生活的方方面面产生普遍而深刻的影响。中国的老龄化问题符合世界人口发展趋势，但由于特殊的人口政策、劳动政策和国情的影响，中国的人口老龄化问题有着规模大、增速快、"未富先老"等鲜明特点。通过加深对世界老龄化进程和中国老龄化社会现状的了解，将帮助我们更好地理解老龄化问题的成因和发展规律，从而制定相应的老龄化社会政策。

第二章从历史发展的视角阐述了老年的定义和老年观的历史沿革，描绘了正在崛起的"新老年"群体的生活样貌。定义"老年"的标准，经历了从体表特征、生产能力到社会保障等的历史变化，最终形成了以60岁或65岁为起点的国际方案。随着现代社会人类健康状况的改善以及工作性质的转变，老年的定义从单一的年龄到日趋多元化和弹性化的探讨角度不断变化，社会对老年群体的认知也在迭代更新。老年人的幸福不仅来自脱离岗位免于劳作，也来自以迭代身份参与和融入社会中。在世界范围内，不同于传统老年人形象的"新老年"群体正在崛起。新老年群体拥有巨大的消费能力和潜力、丰富多元的需求和融入社会的强烈渴望，他们能在和时代的同频发展中实现自身新的价值。

第三章分别从生理健康、心理健康和社会支持三个层面，深入分析老年人的医养需求，并从个人、家庭及社会三个角度提供了具体的行动策略。无论在什么时代，健康始终是老年人最基本最关切的需求。但受传统健康观的影响，以往探讨老年医养，关注的焦点往往局限于生理健康。而现代健康观认为：健康不能仅以有无疾病定义，现代健康观包括个人生理、心理和社会功能均处于健全完好的状态。基于此，涵盖生理健康、心理健康以及社会支持的"健康老龄化"战略被提出，并被世界卫生组织确定为应对人口老龄化的发展战略。健康老龄化的实现需要个人、家庭以及社会的通力协作，互联网和人工智能技术的发展也将为健康老龄化模式的突破创新提供更多可能。

第四章主要介绍了老年群体消费现状及特点，探讨了老龄产业的基

前言

本框架,并提出了老龄产业存在的问题以及相应的对策建议。在基本的"老有所养,老有所医"需求得到保障之后,老年群体和其他年龄层一样,有着追求品质生活的需要。近年,老年消费市场日益繁荣,品质消费、健康消费、精神文化消费等渐成潮流,为我国老龄产业的发展提供了良好条件。老龄产业主要包含老龄用品、老龄服务、老龄金融和老龄居住产业四大板块,是欣欣向荣的综合性产业,且有望成为全社会的支柱性产业之一。目前,中国老龄产业仍然存在供给不足、结构失衡、供需不匹配等局限,有待进一步完善顶层设计、调整产业战略、把握市场需求。

第五章关注老年人社会交往的问题,阐述了老年社交的意义、类型与心理特点,为老年人群调整人际关系、规避社交心理陷阱提供建议,探讨如何为老年社交提供外部支持。社交是人类的基础心理需求,这里的社交范围很广,可以结交朋友、收获友情。社交可以帮助老年人延缓认知衰退、获取情感支持。这些都是老年人群非常重要的无形资产。在交往中,老年社交行为有着不同于其他年龄群体的特点,如以家庭为轴心、交往对象稳定、由功利驱动向享乐驱动转变等。此外,老年社交活动的正常开展,还需要家庭、社区、机构和政府等外在力量的参与和支持。

第六章探讨了老年人继续学习与成长的意义,分析了老年个体的智力特点和学习特点,并介绍了国内外老年教育事业的探索与实践。世界正在飞速变化,新的技术、新的沟通方式、新的信息获取渠道不断涌现。对于老年群体而言,终身学习能为其带来存在感、价值感和幸福感,在生理、心理、社会和经济等层面有着非常积极的意义。相较于其他年龄群体,老年人基于生理机能的流体智力在渐趋退化,但与后天积累相关的晶体智力仍有增长的空间。老年教育事业的发展不仅对老年个体发展有益,对于打造学习型社会和促进社会经济发展也具有重要现实意义。此外,本章将介绍发达国家发展老年教育的举措,其教育目标层次化、经费来源多元化、课程设置生活化等特点为我国的老龄化教育探索提供了有益的借鉴。针对我国老年教育事业发展中存在的师资欠缺、供给不足等问题，本章从体系建设、资金渠道、师资建设、构建信息化平台等方面提出了建议。

第七章梳理了老年社会参与的概念、范围、理论基础及影响因素，并在个体和社会层面为促进老年社会参与提供了行动策略。"积极老龄化"战略在延续对于老年群体的社会关怀、支持与保障的同时，强调了其自我发展和参与社会的权利、价值与责任。老年群体的社会参与范畴十分广泛，并非局限于继续从事经济活动，还涉及政治、公益与文化体育等各个领域。此外，本章归纳了老年社会参与的理论体系，介绍了与老年参与有关的角色理论、社会交换理论等；并总结了制约老年社会参与的因素，如年龄与健康状况、家庭经济条件等。最后，针对目前老年社会参与的难点，我们倡导充分发挥政府引导和社会（社团组织、社区及企业）支持的作用，同时促进老年个体自我赋能，提升其社会参与的能力与意识。

我想把此书当成一个思考的开始。1994年，我国正式接入因特网，在当时谁能想到20多年后的世界会如此纷繁精彩。同样的，以我们现在的视角去想象未来的老年世界，也难免颇具局限性。如果说，迎接"百岁时代"是一个新挑战，那么应对不确定性就是人类永恒的话题。希望我们每个人，都能在面对"变老"的路上，不断地获得岁月赠与我们的独特礼物。

钱 婧 屈 逸 王 斌

2020年7月10日

目录 contents

第一章 老龄化社会 ... 1

一、人口老龄化和老龄化社会 ... 1
二、世界人口老龄化概况 ... 3
三、中国人口老龄化概况 ... 19
四、老龄化社会成为一种新常态 ... 25

第二章 百岁时代下的"新老年"群体 ... 28

一、老年的定义：从历史到现实 ... 28
二、老年观：从角色解脱到角色转换 ... 36
三、老年期的自我概念与人格特征 ... 41
四、"新老年"的特征与心理需求 ... 43
五、世界范围内的"新老年" ... 48

第三章 健康老龄化 ... 52

一、健康老龄化的三个维度 ... 52
二、健康老龄化的行动策略 ... 59
三、互联网和人工智能时代的老年健康管理 ... 67

四、"医养结合"的创新实践 ……………………………… 71

第四章 老年消费与老龄产业 …………………………………… 78
 一、老年消费的现状与特点 ……………………………… 78
 二、中国老龄产业基本框架 ……………………………… 82
 三、中国老龄产业的发展局限与制约因素 ……………… 86
 四、国外老龄产业的发展经验 …………………………… 89
 五、中国老龄产业的发展方向 …………………………… 93

第五章 老年社交与人际关系 …………………………………… 98
 一、老年社会交往的意义 ………………………………… 99
 二、老年人际关系的主要类型和特点 …………………… 103
 三、老年社交的关系调整与心理适应 …………………… 107
 四、老年社会交往的外部支持 …………………………… 112

第六章 老年学习与教育 ………………………………………… 115
 一、继续学习和成长的意义 ……………………………… 115
 二、老年期的认知特点 …………………………………… 120
 三、老年学习的组织形式 ………………………………… 125
 四、老年教育的现状与发展 ……………………………… 130

第七章 老年社会参与 …………………………………………… 136
 一、从健康老龄化到积极老龄化 ………………………… 136
 二、老年社会参与：概念与范畴 ………………………… 138
 三、老年社会参与的理论基础 …………………………… 143
 四、老年社会参与的价值与意义 ………………………… 146
 五、老年社会参与的影响因素 …………………………… 149
 六、老年社会参与的难点及对策 ………………………… 152

参考文献 ………………………………………………………… 162
后记 ……………………………………………………………… 168

第一章

老龄化社会

20世纪中叶以来，医疗卫生技术的提高延长了人类的平均预期寿命，但与此同时，人口生育率却持续下滑。在此背景下，人口老龄化问题在全球范围内开始凸显，并呈现出从欧美发达国家向亚洲和拉丁美洲扩散的发展趋势。中国作为世界上最大的发展中国家和人口大国，同样面临着老龄化带来的挑战。

鉴于我国的独特国情及人口政策、劳动政策，中国的人口老龄化呈现出规模大、增速快、"未富先老"、性别差异扩大、城乡区域失衡等特征。虽然发达国家更早进入老龄化社会，也进行了大量有益探索，但目前仍没有"放诸四海皆准"的应对方案。我们需要认识到，人口老龄化是人类社会的"新常态"，这就要求政府、社会组织、家庭以及个人等行动主体突破既有思想束缚，积极看待老龄社会，并采取行动应对这一正在悄然进行的社会变革。

一、人口老龄化和老龄化社会

20世纪50年代以来，由于营养水平和医疗技术的提高，人口死亡率不断下降，人均预期寿命得以延长；而与此同时，由于生育成本过高和个人主义的社会文化，发达国家和地区的生育率大幅下降，新生儿和青少年在人口中的比例降低。在人均寿命延长和生育率下降的共同作用下，老年人口在全球人口中所占的比例不断攀升。人口结构发生着巨大变化，对人类社会造成了普遍而深刻的影响。人口老龄化已然是当今世界人口发展的主要趋势，也是各国关注的重大人口问题。

在学术研究中，"人口老龄化"指社会人口年龄结构中，老年群体在总人口中所占比例不断上升的动态过程。目前，国际社会通常根据60岁或65岁以上的老年群体占总人口的比例，来衡量某个国家或区域是否存在老龄化现象。第一种判断标准来自联合国1956年编写的《人口老龄化及其社会经济后果》，若某国家或区域65岁及以上的老年人口数占总人口的比例超过7%，则该国家或区域步入老龄化。第二种判断标准来自1982年的维也纳老龄问题世界大会，针对人口结构年轻化的发展中国家，会议决议将"60岁及以上的老年人口占总人口的比例超过10%"作为其人口老龄化现象的表征。中国尽管属于发展中国家，但65岁及以上的老年人口比例和预期寿命，与20世纪50年代第一种判断标准提出时的发达国家水平相近，因此两种判断标准均被中国学者采纳和运用。但从法律角度，按照《中华人民共和国老年人权益保障法》第二条规定，60岁以上的公民，被认定为老人。因此其他相关法规政策，也都会按照60岁的年龄进行界定。

作为人口老龄化的产物，"老龄化社会""老龄社会"等衍生概念描述的是老年人口数占总人口达到某一比例的人口结构模型。根据世界卫生组织的定义，若65岁及以上的老年人口占总人口比例达到7%，进入"老龄化社会"；上升到14%，"老龄化社会"将过渡至"老龄社会"；达到21%则进入"超老龄社会"。目前，主要发达国家均已进入老龄化社会，其中日本、意大利和德国的老龄化程度最高，65岁及以上的老年人群占比均在21%以上。在其他国家，部分地区老龄化程度也超过20%，如美国的佛罗里达州和中国的上海市[①]。一些欠发达地区

[①] 2020年5月24日，上海老龄工作委员会办公室、市统计局发布的最新数据表明，截至2019年12月31日，上海60岁及以上的老年户籍人口占户籍总人口的35.2%，达518.12万人。

的人口目前仍相对年轻,处于"人口红利"的机会之窗,但所有国家和地区的社会人口结构在可预见的未来都将趋于老化。

二、世界人口老龄化概况

联合国人口司于21世纪初的《世界人口老龄化：1950~2050》整合了各个国家与地区的人口统计数据,得出了目前的人口老龄化是"前所未有、普遍深刻、经久不衰且不可逆转"的结论。近20年人口老龄化的迅速发展也佐证了这一结论,进入21世纪后,每年老年人口数量以高于2%的速度增长,远高于整体人口的增长速度。如表1-1所示,2019年,全球人口中65岁及以上的人口占比已达到9.1%,换言之,在世界范围内,人类已进入老龄化社会。联合国人口司预测,到2050年,全球65岁及以上的老年人口比例将进一步攀升至15.9%左右,人类将正式跨入老龄社会。不管是机遇还是挑战,越来越多的政府和商业机构开始把老龄化当成一个严肃的话题去研究。例如谷歌已经于2013年建立了白布（Calico）实验室,该公司致力于利用先进的技术来提高对控制寿命的生物学的理解,例如,癌症、衰老、延长寿命等,并利用知识与科技来设计干预措施,使人们能够过上更长寿更健康的生活。

表1-1　2019~2100年世界区域65岁及以上的人口百分比预测

区域	2019年	2030年	2050年	2100年
世界	9.1	11.7	15.9	22.6
撒哈拉以南非洲	3.0	3.3	4.8	13.0
北非和西亚	5.7	7.6	12.7	22.4
中亚和南亚	6.0	8.0	13.1	25.7
东亚和东南亚	11.2	15.8	23.7	30.4
拉丁美洲和加勒比地区	8.7	12.0	19.0	31.3

续表

区域	2019年	2030年	2050年	2100年
澳大利亚/新西兰	15.9	19.5	22.9	28.6
大洋洲*	4.2	5.3	7.7	15.4
欧洲和北美洲	18.0	22.1	26.1	29.3
最不发达地区	3.6	4.2	6.4	15.3
内陆发展中国家（LLDC）	3.7	4.5	6.4	16.8
小岛屿发展中国家（SIDS）	8.7	11.9	16.1	23.7

注：*不包括澳大利亚和新西兰。
资料来源：联合国经济和社会事务部人口司，《世界人口展望：2019》。

（一）世界人口老龄化的趋势

联合国人口司发布的《世界人口展望：2019》中对全世界235个国家或地区的历史数据和人口趋势进行分析，归纳出未来世界人口老龄化发展的几个主要趋势。

1. 老年抚养比提高，少儿抚养比下降

人口抚养比，是非劳动年龄人口与劳动年龄人口的比值，用于衡量劳动年龄人口抚育或赡养非劳动年龄人口的负担程度。总人口抚养比，是14岁及以下和65岁及以上的人口数量之和与15~64岁人口的比值。如图1-1所示，1961~2018年，全球的总抚养比呈总体下降趋势。2000年前，除低收入国家由于青少年儿童的激增而导致总抚养比呈现出先升后降的趋势外，其他收入水平的国家均由于生育率的下降，总抚养比短暂上升后持续走低。进入21世纪后，受到人口老龄化的影响，各国总抚养比的降幅减少，中高收入国家和高收入国家甚至出现上扬态势。未来，随着人口老龄化程度的加剧，联合国人口司预测，全球人口总抚养比将回升至66%。

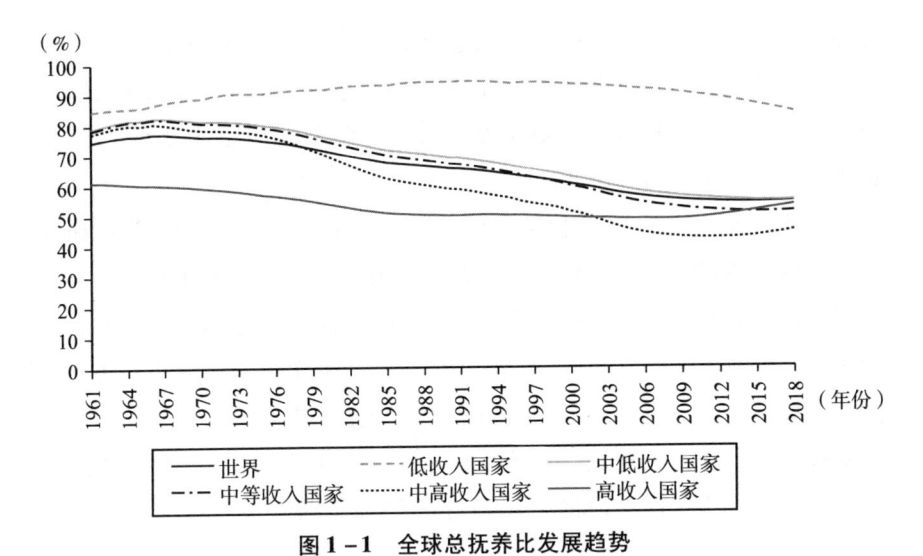

图 1-1 全球总抚养比发展趋势

资料来源：世界银行公开数据，https://data.worldbank.org.cn/。

老年抚养比，是65岁及以上人口数与15~64岁人口数的比值。如图1-2所示，1961~2018年，除低收入国家的老年抚养比增长较为平

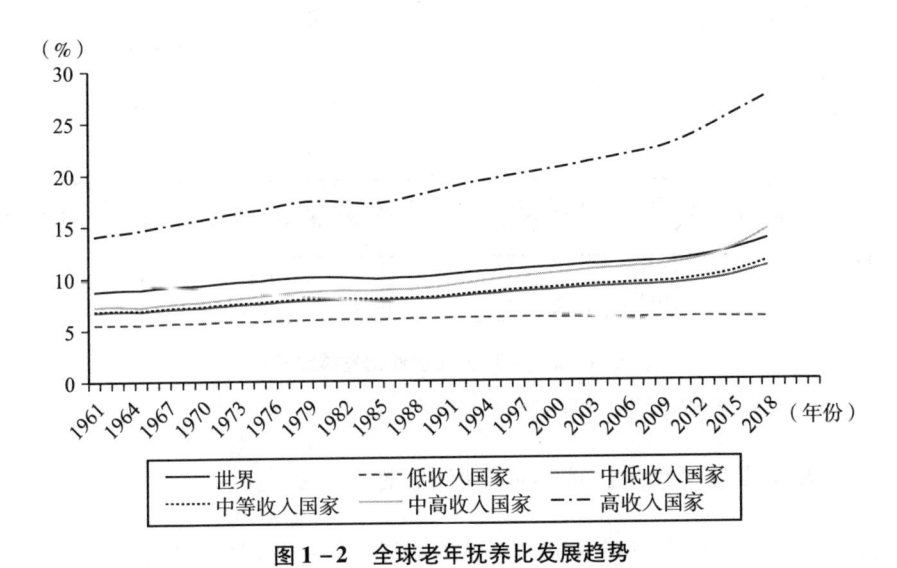

图 1-2 全球老年抚养比发展趋势

资料来源：世界银行公开数据，https://data.worldbank.org.cn/。

缓外，全球及各国的老年抚养比快速增长，并且在进入21世纪后涨幅加大，高收入国家的老年抚养比涨幅尤其显著。《世界人口展望：2019》显示，全球的老年人口抚养比预计将在2100年达到50%，约为2019年世界平均水平的5倍。

少儿抚养比，是14岁以下人口数与15~64岁人口数的比值。如图1-3所示，除低收入国家以外，1961~2018年，全球和其他收入水平的国家的少儿抚养比普遍呈下降趋势，近年来由于生育率下跌趋缓而降幅减小。低收入国家从20世纪90年代开始，少儿抚养比由上升转为下降，降幅逐渐增大。全球范围内的少儿抚养比将持续下降，不发达地区的降幅尤为显著，根据联合国人口司的预测，到2100年，非洲地区的少儿抚养比仍为最高，但将从2000年的78%下跌至34%。

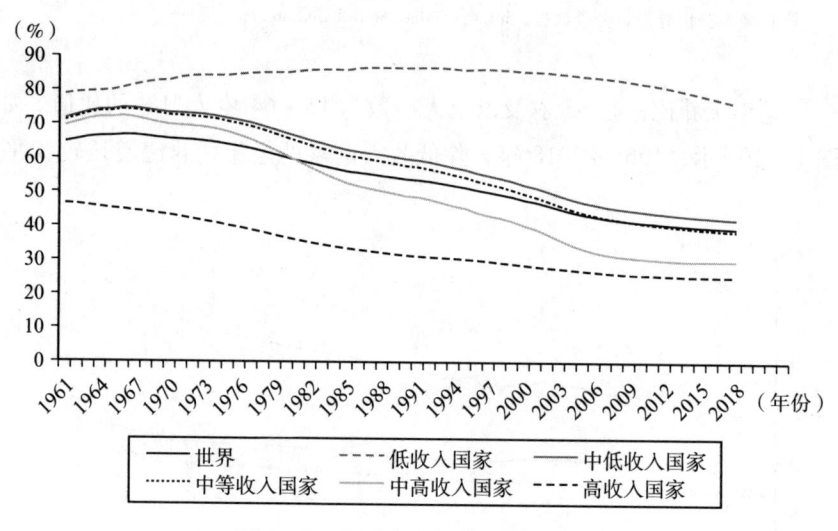

图1-3 全球少儿抚养比发展趋势

资料来源：世界银行公开数据，https://data.worldbank.org.cn/。

2. 老龄化国家向亚洲和拉丁美洲扩散

根据联合国人口司发布的《世界人口展望：2019》，在总人口超过100万的国家行列中：1950年，只有法国、比利时、英国、爱尔兰等9

个欧洲国家65岁以上老龄人口比例超过10%，首屈一指的法国也仅为11%；1975年，满足这一条件的国家增至26个，排在首位的瑞典老年人口比例达15.1%，除美国外均为欧洲国家；2000年，国家数和最高值攀升为44个和18.1%，其中，日本是前20名中唯一的非欧美国家。2014年，中国65岁以上的老年人口比例突破10%，达到10.1%，首次进入该行列。联合国预计，到21世纪中叶，或有105个国家的老年人口占比超过10%，排名第一的西班牙将高达38%，日本以36.4%位于第二，亚洲地区的亚美尼亚和中国香港也进入前20的行列。2100年，将有198个国家老年人口比例超过10%，新加坡、中国香港、韩国、古巴、阿联酋等国家和地区的老龄化水平进入前列，哥斯达黎加、智利等拉美国家也名列其中。

3. 老年人口性别不平衡现象凸显

如表1-2所示，1950年，全球平均预期寿命为46.9岁，其中男性为45.9岁，女性为47.9岁，高于男性2岁。2000年，全球平均预期寿命为67.1岁，男性为64.9岁，女性为69.3岁，女性高于男性5.4岁。到2100年，全球预期寿命预计将提高至81.8岁，男性为79.9岁，女性为83.7岁，差距略缩小为3.8岁。虽然全球男性和女性的总人数大致相当，但由于平均预期寿命较长，女性在高年龄段的人数显著高于男性。2019年，全球65岁及以上的老年人口中女性占55%，80岁以上的老年人口中女性占61%。由于女性的平均预期寿命长期高于男性，可能形成老龄化程度愈深，人口性别不平衡愈严重的现象。

表1-2　　　　　　　1950~2100年全球预期寿命发展趋势

年份	男性	女性	总体
1950	45.9	47.9	46.9
2000	64.9	69.3	67.1
2010	67.8	72.3	70.0

续表

年份	男性	女性	总体
2020	68.8	73.3	71.0
2030	70.6	75.1	72.8
2040	72.7	76.7	74.4
2050	73.7	78.2	75.9
2100	79.9	83.7	81.8

资料来源：联合国经济和社会事务部人口司，《世界人口展望：2019》。

（二）世界人口老龄化的影响因素

世界人口老龄化及未来的发展趋势，主要受到全球人均预期寿命延长、生殖率下降以及国际移民等因素的影响。

1. 预期寿命显著提高

随着经济社会的发展和医疗卫生水平的提高，世界范围内人的平均预期寿命在不断延长。具体的，预期寿命的不断提升，得益于几个重要的因素，例如，饮食的保障，营养的充足，婴儿死亡率的下降，慢性疾病治疗水平的提高，医疗技术的革命，公共卫生水平的提升，教育水平的提升，收入的增长。如图1-4所示，1950年全球平均预期寿命仅为46.9岁，2000年达到67.1岁，增长逾20岁。联合国人口司预计，2050年这一数字将提高至75.9岁，2100年则将达到81.8岁，北美地区届时将成为最为"长寿"地区，预期人寿有望达到89岁。值得注意的是，预期寿命的提高不仅发生在发达国家，也同样出现在发展中国家。国家卫生健康委发布的《2019年我国卫生健康事业发展统计公报》显示，我国的人口平均预期寿命也从1949年的35岁，发展到2019年的77.3岁，接近发达国家水平。

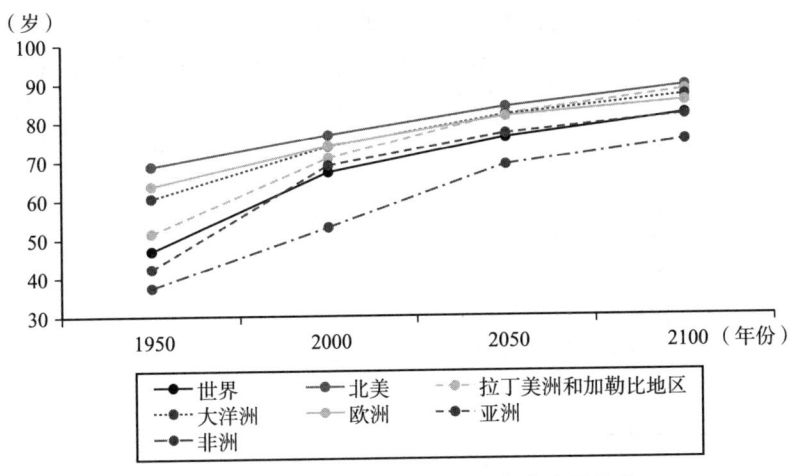

图 1-4　全球和各大洲人均预期寿命发展趋势

资料来源：联合国经济和社会事务部人口司，《世界人口展望：2019》。

关于预期寿命，近年来有一个时髦的说法，叫作"百岁社会"。加州大学伯克利分校与马克思普朗克研究所人口研究中心共建的"人类死亡率数据库"显示，2007年以后出生的孩子，有50%的概率能达到百岁寿命。也就是说，此时13岁上初中的孩子，有一半以上可以活到100岁以上的年纪。

2. 生育率和儿童人口比例持续下降

总和生育率，即该国家或地区的妇女在育龄期中平均生育的子女个数。如图1-5所示，全球妇女平均总和生育率已经由1990年的3.2降至现在的2.5，预测2050年全球妇女平均总和生育率将继续下降到2.2，到2100年稳定在2附近。即使是总和生育率最高的非洲地区，也呈现出显著的下降趋势，从1950年的6.6下降到2050年的3.1和2100年的2。学者们一般采用人口转变理论来解释老龄化的成因。该理论提出，在前工业社会时代，人类的死亡率和生育率都很高，所以人口增长的趋势较为平缓；随着工业时代的到来，死亡率的下降加上生育率的升高，使人口在一段时间内快速增长；工业革命后，死亡率和生育率都较低，如果生育率跌至更替水平（刚好维持人口更新、不增不减的生育率水平）以下，那么人口增长就可能出现停滞或者出现负增长。日本、德国、意大利等发达国家和地区的状况正是如此。

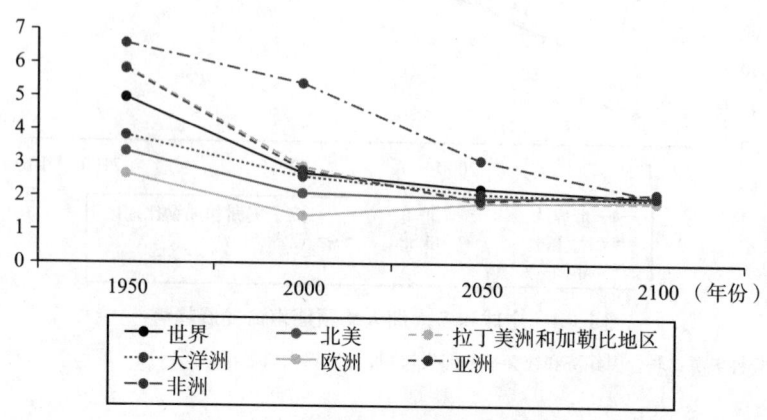

图 1-5　全球和各大洲生育率发展趋势

资料来源：联合国经济和社会事务部人口司，《世界人口展望：2019》。

3. 人口迁移影响人口结构

国际移民将通过影响迁出地和迁入地的人口结构，对各国人口老龄化进程和特征产生影响。根据联合国 2017 年发布的《国际移民报告》，当年世界范围内的移民数目约为 2.58 亿人，比 2000 年增长了 49%。全球约有 3.4% 的人口为国际移民，高收入国家中移民所占比例从 2000 年的 9.6% 升至 2017 年的 14%。2000~2015 年，国际移民对大洋洲人口增长的贡献率达到 31%，对北美地区人口增长的贡献率高达 42%，这意味着北美地区几乎一半的人口增长要归功于新增的入籍移民。在生育率更低的欧洲地区，如果不计入吸纳的国际移民，2000~2015 年就会出现人口总数的负增长。除了人口的国际间移动，国内移动也会造成人口结构的变化。例如，我国流动人口数超 2 亿，其中 7 成以上为劳动人口。流动人口大多从欠发达地区涌向发达地区。北上广深等超大型城市，是其中最大的受益者。这在很大程度上也缓冲了这类城市的老龄化趋势。

从年龄结构来看，处于工作年龄的国际移民占移民总数的75%，而工作年龄人口在总人口中的比例仅占53%，这意味着青壮年移民群体的国际流动对迁出国和迁入国的人口结构以及社会经济影响巨大。尽管总体平均年龄较迁入地人口结构低，国际移民的年龄中位数已从2000年的38.8岁增长至2017年的39.2岁，在亚洲、大洋洲与拉丁美洲等区域，近3年移民的中间年龄略有下降。从性别结构分析，2017年，51.6%的国际移民为男性，男女性别比基本持平，男性占比略高，但男性移民多迁往非洲与亚洲地区，其余区域的女性移民占比均高于男性。

预期寿命的显著延长和生育率的持续下跌，是导致老年人口在总人口中比例上升的主要原因。随着社会经济、医疗卫生的进步以及生育观念的转变，这一趋势在未来一段时间将得以延续。而全球化日益深入带动的国际移民流动，将在未来对各国的人口结构造成更大的影响。

（三）典型国家的人口老龄化状况

在大致符合上述共性特点的同时，各国的老龄化进程有着自身的特殊性。为了更全面地洞见世界老龄化的发展状况，我们选取了四个各具特点的代表性国家进行介绍：法国是首个出现人口老龄化现象的国家；日本是老龄化程度最深的国家；美国是世界第一大经济体，也是发达国家中人口增长较快和生育率较高的国家之一；同处于东亚的韩国，与中国有着更多的相似之处，有着严重的农村人口老龄化问题。

1. 法国：首个老龄化国家

根据联合国1956年编写的《人口老龄化及其社会经济后果》，早在1865年，法国老年人口（65岁及以上）占总人口的比例已超过7%，开启了世界老龄化的先河。截至2018年，法国老年人口（65岁及以上）的规模达到1342万人，约占总人口数的20%，这标志着法国距"超老年型社会"仅有一步之遥。长期以来，法国政府重视人口问题，在婚姻政策、生育政策、移民政策等诸多领域着手，一定程度上延缓了老龄化发展的步伐。法国国家统计及经济研究所（INSEE）数据表明，法国的老年人口数在21世纪中叶或将达到2230万，占总人口数（7000万）的近1/3，而80%的法国人都将超过45岁。

作为第一个老龄化国家，法国并非眼下世界老龄化程度最深的国家。较早的起步和漫长的进程，为法国鼓励生育提供了较为充裕的应对时间：例如对生育家庭给予补助，生育的孩子越多，补助的金额越大，补助可以一直持续到孩子成年；母亲雇佣保姆的费用可以报销甚至全免；保障非婚生子的权益等。这使法国的出生率并非持续下降，在大部分时候高于或持平于生育更替水平。20世纪中期，法国是西欧地区仅次于荷兰的高生育率国家，总和生育率达到2.8，高于西欧2.4的平均水平。1975年开始，法国的总和生育率曾迅速下跌，持续了大约20年的时间，在1995年跌至1.7的谷底，此后开始缓慢地回升，逐渐稳定在2左右，成为欧盟生育率较高的国家之一。

相较于出生率的波动起伏，死亡率的下降则更为持续和快速。粗死亡率，是统计死亡率最常用的计算方法，指某国家和地区某时期平均每千人中的死亡率。根据世界银行公开数据，在20世纪50年代，法国的粗死亡率高达1.28%，是西欧死亡率较高的国家之一。之后，随着经济社会的快速发展、医疗卫生服务的改进和老年福利保障政策的完善，法国的粗死亡率不断下降，谷底为2006年和2007年，低至0.83%，而后略有所回弹但稳定在0.9%以下，低于欧洲平均水平。这也导致法国尽管老龄化的进程较为缓和，高龄化却发展得非常快：1950年，法国的高龄老人（80岁及以上）已占总人口的1.6%，高龄老人的数目以平均每年2.7%的速率快速增长，远高于整体人口的增速。法国国家统计局的调查显示，截至2015年，法国高龄老人的规模已达390万，占总人口比例的6.1%。

2. 日本：高龄少子化

日本是全球发达国家中最早显露人口负增长迹象的国家。20世纪

90年代中期，日本的人口结构便出现金字塔倒置的现象，老年人口规模超出少年儿童群体。目前日本人口进一步呈现出低生育率、低死亡率和低自然增长率的"高龄少子化"特征。在老龄化进程方面：根据世界银行公开数据，早在1971年，日本65岁及以上老年人口占总人口的比例就达到7.1%，正式步入"老龄化社会"；至1994年，该比例超过14%，日本迈入"老龄社会"。2011年初，日本政府公布的《高龄社会白皮书》指出，截至2010年，日本老年人口总数已达2958万，占总人口的23.1%，达到全球最高水平，预期寿命超过80岁，这也使日本进一步转型为"超老龄化社会"。

日本国立社会保障和人口问题研究所估计，日本老年人口比例将于2030年超过30%，于2055年到达40.5%的顶峰，且其中75岁及以上的老年群体将占到1/4；此后，老年人口比例增速日益趋缓，到21世纪末，日本老年人口或将占到总人口的41.1%。2006年日本人口首次转为负增长，2007年短暂回归正值，但继2008年以后一直持续负增长，自此日本劳动人口逐年减少，"人口萎缩"现象出现。到2100年，日本人口总数预估将降至4959万人，较2010年减少61.3%。

面对如此严峻的人口老龄化形势，日本政府高度重视，并制定了详细周密的长期战略规划来应对这一艰巨挑战，设立包括厚生劳动省等的一系列官方机构，专门管理老年人及相关事务，如税收政策、福利政策、雇佣政策、住宅规划、老年教育及就业辅导等，以彰显对老龄化问题的关注，切实维护老年群体生存与发展的权利。

3. 美国：银发趋势

作为全球最大经济体，人口老龄化将是美国未来数年所面临的较大挑战之一，老龄化问题深刻影响着美国的政治、经济、文化等方方面面。早在20世纪40年代，美国已出现人口老龄化现象，美国人口普查局2017年的统计数据表明，美国65岁及以上老年人口占总人口的17.4%，为典型的"老龄社会"。在老年人口增速方面，1870~2019年，美国老年人口数目增长了逾50倍，从彼时的100万人增加至2019

年的5321万人，甚至超过邻国加拿大的人口总数①。

根据美国政府人口普查局官网：1900年，美国国民的平均预期寿命约为47岁，老年人口约占总人口的4.1%；经过一个多世纪的快速增长，2019年这一比例已经猛增到16.21%，国民平均预期寿命则接近79岁②。美国人口普查局预估，到2030年，美国老年人口将接近总人口的20%，且至少有40万人能够活到100岁以上，这样的老年人口增长是史无前例的，这也意味着美国的社会公共保障将面临更加沉重的负担。

相比欧盟等西方发达国家，美国的老年人口增长速度较为缓慢，主要原因有两方面：一是美国人口的自然出生率高于欧洲国家，根据世界银行公开数据，21世纪以来美国的总和生育率在2左右波动，而欧洲的平均总和生育率在1.5左右且有持续下滑的趋势；二是美国吸纳了众多青壮年国际移民。

4. 韩国：农村人口老龄化问题

韩国的人口老龄化问题与中国存在很多相似之处，主要体现在两个方面。一是韩国处于老龄化社会和老龄社会交替之间，老龄人口增长速度快、增幅大。根据世界银行公开数据，1980~2019年，韩国65岁及以上老年人口占总人口的比例从3.8%上升至15.1%，增长近12个百分点。二是快速城市化和老龄化交织带来的农村老龄化问题，20世纪八九十年代的城市化热潮使得韩国农村的青壮年劳动力大量流向城市。韩国国土交通部发布的《2014城市规划现状统计》表明，韩国城镇居住人口占总人口的逾90%，且仍在持续增长，这使得韩国农村的"空心化"现象日益严重，且留居农村的多为"空巢老人"群体。

韩国统计厅资料显示，到2040年，韩国老年人口将占总人口的32.4%，规模将从2014年的638.5万人增长到1650万人。到2040年，

---

① 根据世界银行公开数据，2018年加拿大人口总数为1705.78万人，https://data.worldbank.org.cn/。

② 美国人口普查局官网，http://www.census.gov/。

韩国72个地区的人口中将有一半以上为老人，其中大部分集中在农村地区，一些地区的老年人口比例将超过80%。尤其引人注意的是，到2040年，韩国忠清南道将有351个小村庄濒临废弃。在这351个村庄中，平均每个村庄由不到10人组成，且其中年龄超过75岁的居民占半数以上。仅参照平均寿命计算，这351个村庄在2040年前就将不复存在。这样的情况并非个例，韩国农村的老龄化问题相当严重，预计20~30年后全国将有大部分的村庄成为废墟。

城乡间巨大的收入鸿沟及文化差异使得韩国农村青壮年大量流失。尽管参照发达国家的经验，城镇化、工业化的进程中，农村人口的老龄化是普遍现象，但韩国农村劳动力人口减少的惊人速度和数量造成了严峻的农业劳动力缺乏、粮食安全等问题。

（四）发达国家的人口老龄化对策

世界主要发达国家在21世纪中叶甚至更早就已进入老龄化社会，因此在应对老龄化问题上起步更早、经验更丰富。面对逐渐加深的老龄化社会，发达国家从生育政策、退休政策、养老制度、社会保障体系等方面都进行了针对性的建设与完善，形成了较为成熟和有效的机制，能够为我国应对老龄化问题提供宝贵借鉴。

1. 鼓励生育，应对劳动力短缺

作为低出生率和低死亡率的人口学后果，老龄化现象和少子化现象往往同时出现在一个国度，二者从形成原因到后续影响都息息相关。因此，应对少子化难题是老龄化对策的重要部分。如表1-3所示，发达国家多从两方面入手解决这一问题：一是完善福利制度刺激生育、减轻生育与抚养负担；二是出台政策保障女性生育后可重返职场，享受平等发展的权利。

表 1-3　发达国家应对低生育率和劳动力短缺的主要对策

问题	对策	目的
少子化	1. 生育津贴：因生育暂时离开工作岗位的女性劳动者，可获得现金补助、医疗支持；哺乳期可获得儿童营养补贴； 2. 带薪假期：包括企业为女性劳动者提供的带薪产假，和为育龄夫妇提供的带薪育儿假	保障和鼓励生育
劳动力短缺	1. 完善教育、医疗及儿童照护等方面的社会福利政策，增加财政补贴； 2. 鼓励企业为育龄夫妇提供弹性工作制，允许其适当缩短工时； 3. 推广同时覆盖男女性的产假、育儿假，保证女性能回原工作岗位或得到类似工作	减轻幼儿家庭的经济与照护压力，帮助与保障因生育离职的女性劳动者重返工作岗位

2. 延长退休年龄，充分利用老年人力资源

固化的退休年龄会加剧老龄化的不良后果，造成人力资源浪费和社会负担加重。发达国家普遍采取延长退休年龄的做法，延长退休年龄的模式一般有两种：一是提高最低退休年龄，适当增加工作年限，向后推延职工开始领取养老金的年龄，如日本于2006年将最低退休年龄从60岁提高到65岁；法国于2011年将领取退休金的起始年龄由60岁延至62岁；德国政府于2012年起计划用18年的时间，将法定退休年龄从65岁推迟至67岁，到2024年，退休年龄将由现在的65.5岁推至66岁，到2031年，退休年龄将推至67岁。二是不设定统一的退休年龄线，采取弹性的退休年龄区间，依据退休年龄分配养老金额度。对个人而言，退休越晚，退休金数额越大。例如，美国将法定退休年龄定为66岁，但同时设置了62～70岁的弹性退休区间：职工年满62岁即可退休，但相对于66岁的法定退休年龄，每提早一个月，退休金扣除0.5%，每延后一年，退休金增加7%，直至正式退休或到达70岁的年龄上限。

3. 推广居家式社区养老模式

西方老龄化国家多以居家式社区养老为主、社会养老为辅。在以

"家庭为基础，社区为依托，机构为支撑"的居家式社区养老的服务体系中，个人和家庭承担着基础性责任，当无力负担时则引入社会保障资源。政府则制定政策优惠，引导养老基础设施的建设和老龄市场的开发与运作，调配相关资源，协调各方利益；基层社区是提供服务的直接主体，具备专业的社工服务团队，可提供日常护理、康复保健以及精神疏导等生活服务项目。

各国用于支撑养老事业发展的资金来源各不相同，大致分为国家负担和个人负担两种。瑞典提供的基础养老服务是公民福利的重要部分，所需资金由政府承担，但如果想享受更高品质或个性化的服务，则需要个人支付部分费用；而在美国，养老服务所需的资金主要来自老年群体自身，老年人用自己的积蓄为其投资也从中获益，在这种模式下，"以房养老"成为美国代表性的养老创新实践。

4. 建立多样化的养老金保障体系

发达国家的养老保障体系，逐渐由从单一支柱向多支柱转变。发达国家的养老保障体系的构成主要包括三部分：基本养老金、企业年金和个人储蓄养老保险。其中，基本养老金占据基础性地位，由政府财政依据相关法律法规，向到达一定年限、符合申领条件的老年人群定期发放；企业年金则在依法缴纳基本养老金的基础上，由企业和员工自愿建立和加入，又称"职业养老金计划"，在建立了现代社会保险制度的国度较为常见。个人储蓄养老保险则是由职工经由保险机构自愿投保，退休后一次或分次返还本息。企业年金和个人储蓄养老保险，缓解了社会保障的资金压力，是基本养老金的补充方式。

5. 开发老年市场，发展老龄产业

应对老龄化所带来的种种现实问题，社会化保障和市场化运作都很重要。发达国家老龄产业一般采取"政府引导，市场化运作"的模式，即由政府颁行准入标准及行业规范，出台相关政策优惠，以老年需求为导向，引导和规范企业的产业经营与市场运作。

如表1-4所示，目前西方老龄产业主要由以下领域构成：一是日常生活领域的产品，包括针对老年群体开发的食品、服饰、医疗保健用品、出行辅助用品、体育健身用品、生活辅助用品及房地产等；二是为老年群体提供服务，其中以医疗护理服务为主，包括养老机构、老年保险、康复保健、老年护理等；三是为满足老年群体精神文化需求而形成的产业，包括老年大学、老年心理咨询、老年社交服务、老年电视节目等。另外，由于异地养老甚至跨国养老的兴起，一些气候温和、环境优美的宜居地区形成了颇具规模的养老综合产业。

表1-4　　　　　　　国外主要老龄化国家老年产业情况

国家	代表性产业
日本	养老设施建设、老人用品专卖、老年餐饮专营、心理及旅游咨询等
美国	"异地养老"带动的老年社区和住宅开发；老年社区配套设施和服务的建设及经营
德国	各企业与养老机构联合，拓宽服务范围，形成了从事养老护理的大型集团和连锁机构，服务内容主要包括老年保健、日间照护、文化娱乐等
法国	老年教育产业、老年服装、老年化妆品、老年旅游

6. 完善法律体系和管理机构

完善立法与规范管理，是维护老年群体生存与发展权益的基本保障，也是促进公共事业和老龄产业良性运作的前提。一些发达国家已针对老龄问题形成了较为完善的法规体系：日本现存的老年立法体系包括《老人福利法》《老人保健法》《国民年金法》三大主要法典，并以《介护保险法》作为补充。美国政府以《社会保障法案》为蓝本，增删数次，最终形成现行的涵盖养老保险、医疗保险与社会救济的多层次养老保障制度，此外还针对老年人的切身权益颁布了《禁止歧视老年人就业法》《美国老年人法》等相关法律。管理机构主要负责利用国家强制力保障法律法规的落实以及老龄事业的开展，如美国在实践中逐步建立起老人问题管理署、社会保障总署、老龄问题顾问委员会等专业职能部门，使有关老龄事业和老龄群体权益的诸多构想真正落地。

三、中国人口老龄化概况

在受世界人口老龄化发展趋势影响的同时，中国的人口老龄化具有规模大、速度快、"未富先老"负担重、性别差异扩大、城乡区域失衡等特点。中国人口老龄化问题的形成除了受到预期寿命延长、生育率下降等因素的影响，还有人口政策、养老保障体系以及劳动政策等因素的影响。

（一）中国人口老龄化的现状

1. 规模大

我国是全球老年人口规模最大的国家，据联合国预测，这一地位至少将延续至21世纪中叶。第五次全国人口普查的数据显示，2000年我国60岁及以上的老年人口已达1.3亿人，其中65岁及以上的老年人口数超8900万，占总人口比例的7.1%，这意味着我国在千禧年便已经正式跨入老龄化社会。国家统计局公布的数字显示，截至2019年末，我国60岁及以上老年人口数量约2.54亿，占总人口的18.1%，65岁及以上老年人口数量达1.76亿，占总人口的12.6%。老年人口增速迅猛的同时，高龄、患病、失能的老年群体也愈加庞大，这意味着我国社会面临着更为复杂艰巨的挑战。联合国人口司预测，我国老年人口的峰值预计将会出现在2051年，届时老年人口数将达到4.37亿，占总人口的30%以上，老年人口数目约为少年儿童数目的2倍。随后，老年人口增速趋缓，基本徘徊于3亿~4亿人之间，老龄化程度稳定在31%左右。

2. 增速快、"未富先老"负担重

2000年以来，中国人口老龄化的步伐不断加快。如图1-6所示，从2000年前正式进入老龄化社会到2018年的这段时间，我国老年人口（65岁及以上）的比例从7.1%上升至10.9%，增长约3.8个百分点；而同期，世界老年人口所占比例仅从6.8%增长至8.9%，上升约2.1个百分点。粗略计算，中国人口老龄化发展的速度，几乎是世界平均水平的2倍。经济合作与发展组织（OECD）人口发展部门的预测表明，2030～2050年将会是中国老龄化挑战最严峻的时期，在这一阶段，老年人口的数量和老龄化程度将激增，直至到达老年人口规模的高峰。2030年，中国的老年人口（65岁及以上）的占比将超过日本，成为全球老龄化程度最高的国家，且在此后一段较长的时期内保持老年人口数的高速增长。

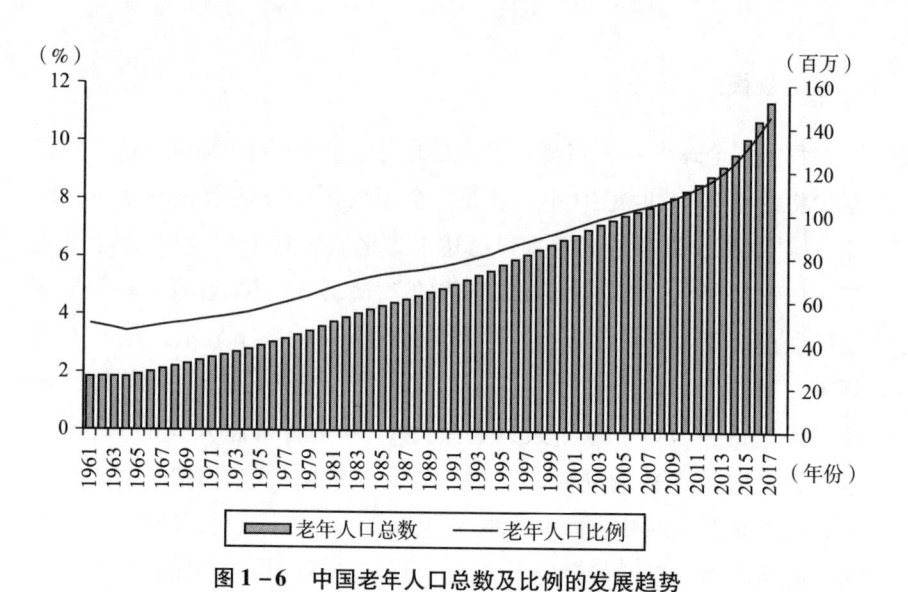

图1-6 中国老年人口总数及比例的发展趋势

资料来源：世界银行公开数据，https://data.worldbank.org.cn/。

世界卫生组织发布的《变迁中的中国：健康问题的现在与未来》

报告指出，我国人口结构从成年型进入老年型（老龄人口的比例从7%倍增至14%）仅仅花了18年的时间，而法国、瑞典和美国的转型期分别持续了长达115年、85年和69年。中国老龄化进程异常迅猛，甚至超前于经济社会发展进程。发达国家出现老龄化现象时的人均GDP多浮动在5000～10000美元，而中国进入老龄化时的人均GDP仅约为800美元。也就是说，中国是在国民收入偏低、经济基础较差的情境下跨入老龄化社会的，而超常的老龄化快速进程使得养老服务保障体系的建设显得相对滞后，这让我们在应对人口老龄化方面面临着更大的压力和挑战。

3. 性别差异扩大

世界卫生组织于2016年发布的《中国老龄化与健康国家评估报告》指出，中国女性的预期寿命普遍长于男性，且在未来差距将进一步扩大，而多数高收入国家有望缩小这一差距。以出生时间为基准，到2030年，中国男性的人均预期寿命将升至76岁，而女性则有望达到79岁。在高年龄段，2010年中国80岁以上的人口中，老年女性占据60%以上，且该比例还在继续增长（UN DESA，2013）。但由于中国男性和女性在出生率上存在的差异，尽管女性在老年人群中所占的比例将持续上升，男性和女性在整体人口结构中的比例可能会趋向平衡。

4. 城乡区域失衡

在我国，劳动年龄人口倾向于向发达地区和城市流动，而欠发达地区或农村的老年人则多数选择留守故土。这造成我国老龄化人口的空间分布不均衡：一是老龄化的区域发展不平衡，陈蓉、王美凤（2018）将2000年第五次人口普查和2010年第六次人口普查的数据对比分析，发现自2000年以来，中国老龄化水平的区域差异正在逆转，中西部和东北地区的老龄化速度明显快于东部地区，东部经济较发达地区的老龄化速度放缓，部分地区的老龄化程度甚至有所降低，上海、苏州、厦门等7个东部城市的常住人口老龄化程度在10年间不升反降，造成这种逆转的重要原因是区域经济发展不平衡导致的人口迁徙。二是城乡老龄化水平的"倒置",即人口的城乡流动造成的农村地区的人口迅速老化。预计 2030 年,中国城乡 60 岁及以上的老年人口占比分别为 14.8%和 21.8%,差异巨大(Cai & Wang, 2005)。

(二) 中国人口老龄化现状的成因

1. 人口政策

为减轻人口规模与经济社会发展水平间的矛盾,我国从 1973 起执行计划生育人口政策。该政策在经济社会发展、生育观念转变等因素的共同作用下,导致了生育率持续大幅下跌。根据世界银行公开数据,截至 1990 年,我国总和生育率已降至 2.31,比 1950 年的 5.81 的一半还低。2018 年,我国总和生育率为 1.69,平均每位育龄女性生育不足两个孩子。同时,我国 14 岁以下少儿人口的比例从 1970 年的 40.41%下跌至 2018 年的 17.88%,65 岁以上老年人口的比例则由 1970 年的 3.75%升至 2018 年的 10.92%。根据上海老龄工作委员会办公室、上海市统计局发布的数据,作为我国最先进入老龄化的城市之一,截至 2019 年底,上海市 60 岁以上的户籍老年人口已达 518 万,约占总人口的 35.2%。

计划生育政策导致的新生儿大量减少,无疑导致了老年人口占比的快速上升,但并非老龄化的根本原因。人口老龄化并非只出现在中国,而是 21 世纪世界人口变化的普遍趋势。如图 1-7 所示,和世界各国一样,由于经济发展和医疗卫生的进步,中国的人均预期寿命延长,死亡率也在持续下降。生育率和死亡率的持续下跌一同作用于中国的人口年龄结构。但计划生育政策导致的生育率下跌仍是我国人口快速老化的主要影响因素,换言之,我国特殊的老龄化状况是计划生育政策直接的人口学效果。

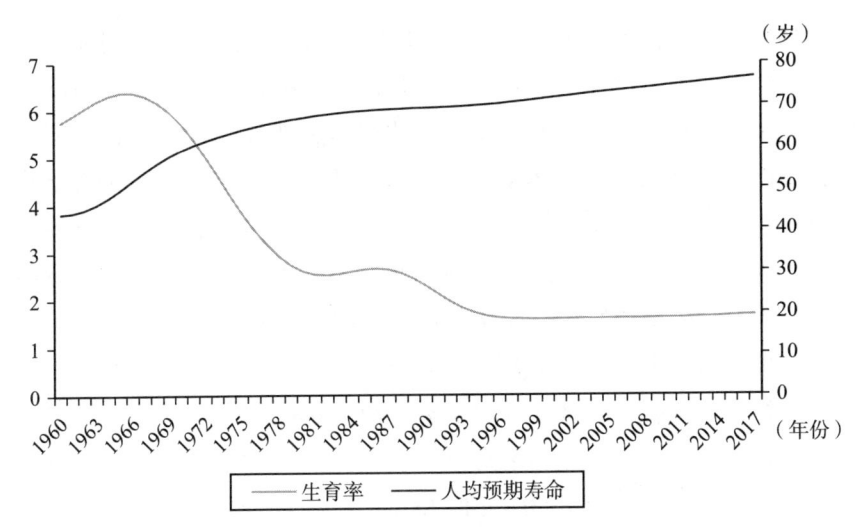

图 1-7 中国人均预期寿命与生育率趋势

资料来源：世界银行公开数据，https：//data.worldbank.org.cn/。

自 2016 年 1 月 1 日起，中国开始正式实施"全面二孩"政策，但由于育儿成本过高、精力缺失、职场歧视等原因，育龄家庭尤其是女性的生育意愿并没有显著提高。根据世界银行公开数据，2015 年后，中国总和生育率仍在 1.6~1.7 间浮动，平均每位女性生育不到 2 个孩子。2016 年二孩政策全面落地后，2017 年的新生儿反而减少了 63 万，而 2018 年的出生率同样低迷。根据国家统计局历年发布的人口数据，2018 年中国大陆地区出生人口数为 1523 万，而 2017 年为 1723 万，出生率由 2017 年的 1.44% 进一步下跌至 1.09%，2018 年的人口自然增长率仅为 0.38%。2019 年，全国新生儿数量仅为 1465 万。

2. 养老保障体系不健全

养老保障体系的滞后与不健全，使我国面临"未富先老"和"未备先老"的巨大挑战。我国于 1997 年开始落实社会统筹与个人账户相结合的养老金制度，由于实施年限较短，覆盖率和保障水平短期内还不甚理想。智研咨询发布的《2018~2024 年中国人口老龄化市场调查及发展趋势研究报告》指出：20世纪90年代末，离退休人员的基本养老保险覆盖率约为40.6%，城镇就业人员的参保率仅为30.5%。2015年底，职工和城乡居民基本养老保险总体覆盖率超80%。在保障水平方面，2015年我国城镇基本养老保险的替代率（劳动者退休时的养老金领取水平与退休前工资收入水平的比率）仅为31.4%，同期主要发达国家的养老金替代率平均约为75%。而世界银行建议，个人若想保持与退休前相当的生活的水平，养老金替代率应在70%以上。

此外，2006年以来，城镇基本养老保险的收支缺口不断增大，剔除财政补贴收入后，2018年的收支缺口约为6000亿元，且区域入不敷出、账户"空账运转"的现象频发。我国人力资源和社会保障部（以下简称人社部）发布的《2018年度人力资源和社会保障事业发展统计公报》显示，2018年养老保险总支出达47550亿元，同比增长12.5%，较5年前的18470亿元增长约157%。与此同时，财政补贴力度持续加大，缺口产生的主要原因是社会统筹基金积累不足，导致养老金实际采用现收现付制，需要年轻化的人口结构、高效健全的税收体系、科学的基金运作来维持。从我国的现状来看，人口红利逐渐淡去，其他条件也不是十分充分，现行的养老金制度可能出现缺口，使中国社会面临严峻的养老问题。

3. 刚性退休政策

我国现行的法定退休年龄政策制定于1978年。国家法定的退休年龄为男性60岁、女性55岁；对于在危险、有害环境工作或承担繁重体力劳动的职工，规定男性55岁退休，女性50岁退休。刚性的退休年龄规定与人均预期寿命不断提高、女性预期寿命高于男性的人口现实相矛盾，可能造成三方面的消极影响：一是老年人力资源的浪费；二是增加了社会的养老负担；三是性别间的退休年龄差距制约了女性的晋升空间。不过，近年来，在部分地区和部分人群之中，已经出现了柔性退休的规定与实践。自2010年10月1日起，上海开展城镇企业职工"柔性延迟领取养老金"的试点，即用人单位与员工达成一致，最多可延迟退休5年，"男性一般不超过65岁，女性一般不超过60岁"。同时，针对女性干部与技术人员的相关政策,如《关于机关事业单位县处级女干部和具有高级职称的女性专业技术人员退休年龄问题的通知》规定,自2015年3月1日起,正副处级女干部及高级女性技术人员的退休年龄延至60岁,但年满55岁时即可申请自愿退休。

2015年10月,人社部发言人称,我国是全球实际退休年龄较小的国家之一,平均不到55岁就离开工作岗位,并首次提出了"小步慢走"的延迟退休改革策略,从部分行业、单位或岗位开始试点,每次推迟几个月,直至到达较为合理的退休年龄。2015年发布的"十三五规划建议"明确,延迟退休政策将在"十三五"期间(2016~2020年)出台。因此,根据这一要求,2020年应当是延迟退休政策出台的"最后期限",同时,人社部指出政策出台后将有5年的过渡期,这意味着延迟退休政策最早将于2025年正式实施。

四、老龄化社会成为一种新常态

人口老龄化并不是经济发达国家的专属,尽管一些欠发达地区目前仍享受着年轻的人口结构所带来的"红利",但所有国家和地区的人口预计在21世纪都不可避免地趋于老化。老龄化社会将成为未来世界的一种新常态。

(一)"新"为前所未有的现象

人口老龄化是"新"的,这是人类历史上从未出现过的现象。为了形容全球老年人口比例的激增,国际社会创造了"国际人口新秩序""人口老化震动"等崭新而宏大的词汇。从高生殖率高死亡率到低生殖率低死亡率的跨越与变化,的确是历史性的。据联合国官网[1],整个21

---

[1] 世界人口老龄化:1950~2050,https://www.un.org/chinese/esa/ageing/trends.htm。

世纪上半叶，全球60岁及以上的人口占比将从21世纪初的10%上升至22%，增长一倍有余，到2050年该比例将与14岁及以下少年儿童的占比持平相同甚至超出。而对于发达国家而言，无须等到21世纪中叶，其老年群体的规模现已超出少年儿童群体，联合国人口司预计到2050年，发达国家的老年群体规模将达到少年儿童群体的两倍之多。

从对人口结构的变革程度来看，发展中国家和区域将发生真正的"人口老化震动"，其将在2050年前以更快的速度老化。《世界人口展望：2019》预测，2050年之前，全球的老年人口将有75%居住在发展中国家和区域。与发达国家的循序渐进不同，发展中国家庞大的人口基数使人口结构老化一旦开始，老年群体规模的激增便是必然。2000年以前，欧洲发达国家的老年群体规模需用超过百年的时间实现翻番；而在2000之后，发展中国家和区域实现这一跨越只需要25年甚至更短。快速人口老龄化的影响会波及公共政策和社会生活的几近全部领域，如就业和劳动力市场、社会保障和经济增长等。巨变的来势汹汹，和经济贫困、资源匮乏的长期国情，都在敦促着政策的完善和相应的行动以应对人口老龄化。

（二）"常态"为不可逆转的趋势

人口老龄化将是未来世界的"常态"，是经久不衰、不可逆转的趋势，是人类从高生育率高死亡率转型为低生育率低死亡率的必然后果。成为"常态"的人口老龄化，对社会生活有着普遍而深刻的影响：在经济范畴，老龄化影响着投资储蓄、消费、就业与劳动力市场、税收及继承政策以及宏观经济发展等；在社会范畴，老龄化冲击着既有的家庭构成与生活规划、住房与迁徙、社会医疗及保障政策等；在政治范畴，老龄化影响着政府决策的模式、社会关系等。

20世纪大多数有关老年人的政策都是针对年轻的人口结构制定的。随着老龄化的不断深入，儿童、青年和中年的政策都必须从老龄化的社会出发。从国际社会到各个国家，乃至基层社区，都应当及早着手老龄政策的完善与调整、基础设施的建设及老年保障与服务资源的配置。无论是个人、政府还是国际组织，如能提前进行规划与投资，个人的添寿和群体的老化将从资源的耗损、社会的负累转变为人力资源的积蓄与赋能。

尽管人口老龄化正在深刻地影响着世界，一些关于老年人的固有观念仍然存在，老年人的价值和需要常常被忽视，甚至遭到无端的贬低，这无不反映了人们认知中极大的空白与偏见。我们应当认识到个体生活经验、生命历程的独特与宝贵，这是接纳老年公民价值和贡献的重要前提。随着年龄而增长的知识与经验是人类智慧的一部分，是无法被交换、交易和窃取的财富，应当在社会的每个角落得到尊重、保护与利用。

第二章

百岁时代下的"新老年"群体

老年群体并不是研究报告中冰冷的数字，他们每个人都是鲜活的个体，他们都有着丰富的心理需求。在传统观念中，人们简单地认为，对原有社会角色的解脱（如退休）就可以带来晚年的幸福。但老年群体的快乐不仅来自"解脱"，更来自社交、学习等社会活动中实现的角色转换。在世界范围内，这群具有鲜明时代特征的"新老年"正在崛起。相对传统认知的老年人，新老年群体并不简单停留于追求基础生理健康需求的满足，他们还拥有更强的消费力、更为多元的心理需求以及更强烈的社会参与意愿。老年人不再是社会中的边缘人，新老年正成为当今社会不可忽视的群体。

一、老年的定义：从历史到现实

什么是"老年"？如果对于老年这一概念没有明确的认知，似乎就无从展开对老龄化问题的探讨。在不同的历史时期和不同的文化语境中，人们对老年的定义存在着较大差异。目前，人们普遍沿用联合国制定的标准，采用年代年龄定义老年——60岁或65岁及以上的人类。然而，在过去的200年间，人类的预期寿命稳步上升，平均每10年增长2岁。21世纪后出生的婴儿，有约50%的概率活到105岁以上（Oeppen & Vaupel，2002），人类社会正在进入名副其实的"百岁时代"。

得益于现代医疗技术和公共卫生事业的发展，当代人身体素质和健康水平大幅提升。此外，繁重的体力劳动和简单的重复性工作正在或有望被机器与人工智能取代，同时知识型工作者的群体也在不断壮大。因此，60岁或65岁以上的老年群体虽然身体机能有所下降，但仍可以承担大部分工作。因此，以生理指标为单一标准划分老年阶段的方式受到了挑战。在本节，我们将回顾传统老年定义在特定历史情境中的合理性，并结合当下时代背景，探讨采用多维度定义"老年"的必要性。

（一）老年的传统标准和历史演进

老化，是人类从诞生、发育、成熟到衰退过程中的最后一阶段所表现出的一系列退行性变化。老化是人类不可规避的自然进程，而老年位于这一进程的最终阶段。时间的跨度、地域的差异使个体及群体老化的速度与程度并不一致，进而导致在不同的历史时期、不同的地理区位，人们对老年起点的界定不同。但更为深层的原因在于，人们在定义老年时所依据的标准不同。

以象征衰老的体表特征为标准，是最为简单和原始的规则。《说文解字》于东汉成书，其中对"老"如此注解："老也。七十曰老……言须发变白也。"可见，在当时看来，"须发变白"是定义老年的重要依据。受到医疗认识水平的限制，人类机体外显的退行性变化被作为老年的典型特征，而机体内部和心理上发生的变化尚未被充分察觉。在平均预期寿命约为20多岁的古代，70岁作为老年的起点显得有些不切实际，但并非一家之言。《礼·曲礼》中"七十曰老，而传"的语句印证了这一普遍认知，意为人至七十则进入老年，可将家中事宜移交后辈，无须或者说不再适合承担掌管家庭资源的责任。可见，家庭规制或者说社会建构也为定义老年提供了依据。

在漫长的中国封建史中，更为通行而实际的做法是以社会经济领域的内容来定义老年。历朝历代的统治者为体恤百姓，均设有"免老"政策，因此，如何定义老年直接关系到赋税徭役覆盖的人口规模。根据《汉官旧仪》中"无爵为士伍，年六十乃免老"的记载可知，秦汉两朝将平民的老年起点设定在60岁，对满足条件的免征徭役赋税。在之后的各个朝代，对于老年起点的规定多以此为基准进行小范围的上下浮动。《文献通考·户口考》记载："晋武帝、北齐武成帝以六十六以上为老，隋文帝以六十为老，唐代宗以五十五为老，宋太祖以六十为老"。可见，以是否可以缴纳赋税、承担徭役作为定义老年的标准，几乎是历朝历代沿袭的政策传统。

随着生产力水平的提高和社会制度的变迁，近代定义老年的标准不再围绕承担税役，而是以是否享受社会保障为标准。19世纪末，德国建立了针对老年群体的救济制度，将65岁设为可领取保障金的起始年龄。此后，许多发达国家借鉴了该设定，1935年美国政府制定的《社会保险法案》中对老年的界定便是如此。定义老年的社会经济标准尽管实现了从赋税征收到社会保障的转变，但无论在封建时期还是近代，由于人均预期寿命仍处于较低水平和其他政治经济因素的限制，这种"福利"能覆盖的群体规模很有限，使得以社会经济指标为标准的意义遭到削弱。

随着近代科学特别是人口学的演进，学者开始着眼于用人口学指标定义老年，是否保有生育能力（尤其指女性）成为其中的代表性标准。20世纪初，人口年龄结构类型划分的经典模型由瑞典学者桑德巴（Sundbarg）提出，其以生育能力为主要衡量标准，将中老年的年龄起点设定为50岁。尽管具有明确的生理指标作为依据，该标准的单一性片面性使其在20世纪中叶后便不再被普遍使用。老龄问题的综合性和复杂性，使如何定义老年不仅是单纯的自然科学问题，还需要考虑社会经济等现实因素。

20世纪中叶后，随着老龄化问题的愈演愈烈，如何界定老年渐趋成为国际社会关注的焦点问题，先后形成了公认的两大方案：其一，皮撒（Pichat）等人口学专家于1956年受联合国委托研究并撰写《人口老龄化及其社会经济后果》，将65岁设定为老年的起点，与当时主要老龄化国家的退休、社保政策基本吻合，秉承了德国老年救济法令的传统，被联合国和国际社会认可。其二，随着发展中国家老龄化态势的逐步显现，老龄研究的视野进一步拓展。为了方便国际对比研究，针对发展中国家相对较低的人均预期年龄，联合国主办的1982年"老龄问题世界大会"提出将60岁作为发展中国家和区域老年的起点。上述老年定义的两大方案，由联合国推动形成，已得到公认并沿用至今。

纵观上述历史演进的过程，虽然关于老年的不同定义具有各自的标准和依据，但是也都有一定的片面性和模糊性。即使是得到公认的联合国两大方案，也并没有明确的界定体系。此外，定义所依据的现实标准如人均预期寿命、退休年龄等往往处于动态变化之中，长期采用静态的定义将使关于老龄化的数据"失真"，进而影响老龄政策的制定。因此，未来我们需要更加动态和多元地定义老年。为此，我们需要理解其中两个非常重要的特征：多维度和动态性。

(二) 老年的多维度

1. 依据年龄分类定义的老年

生命历程是连续的，并不存在明确的阶段断点。所谓的年龄阶段都是人为定义的，如我国古代典籍中有"总角""弱冠""而立""不惑""天命""耳顺"等的年龄组别，便是以年代年龄为基准划分的。现代科学进一步区分了"年龄"概念的多重外延，用以探究老年的起点，包括年代年龄、生理年龄、心理年龄和社会年龄等。表2-1是一些常用的年龄分类标准。

表 2-1　　　　　　　　　　　常用的年龄分类标准

分类	含义	划分标准	老年起点
年代年龄	出生年龄，指个体离开母体后在地球上生存的时间	根据世卫组织的划分，15~44岁称为青年人；45~59岁称为中年人；60~74岁称为年轻老年人；75岁以上称为老年人；90岁以上称为长寿老人	60岁（发展中国家）/65岁（发达国家）
生理年龄	反映个体的细胞、组织、器官等的生理状态和功能的个体年龄	生理年龄一般分为4个时期：生长发育期（0~19岁）；成熟期（20~39岁）；衰老前期（40~59岁）；衰老期（60岁及以上）。以视力、听力、握力、肺活量等生理指标为划分标准	生理年龄60岁
心理年龄	根据个体心理学活动的程度来确定的个体年龄	心理年龄分为3个时期：0~19岁为未成熟期；20~59岁为成熟期；60岁以上为衰老期。心理年龄以个性和意识为其主要评价标准	心理年龄60岁
社会年龄	某年龄个体达到的社会化发展水平，即以社会行为成熟程度代表的年龄	有三种形式：一是为社会工作服务的年限，如工龄、教龄等；二是参与各类社会活动的起始年龄，如上学、参军等的最低年龄；三是从事各类社会工作的终止年龄，如离退休年龄等	无明确标准

2. 依据生命状态定义的老年

翟振武等（2014）基于专门的社会调查，从生产、生理和生活的不同维度对于老年的标准和定义进行了探讨，并分别构建了"年轻""健康""自理"状态生命表。

（1）从生产上定义老年：脱离年轻状态。

生理衰老，是定义老年不可或缺的重要指标。但如果将定义老年的工作视为在坐标系内命名一点，生理衰老只能充当一条横轴，准确的命名还需要参照纵轴，而纵轴可以由社会经济指标充当。如此，将生理衰老与社会经济指标结合、对照起来，可以更加完善地定义老年。生产劳动被认为是定义老年最首要的社会经济指标。个人依赖生产劳动获取经济来源、实现价值,家庭生活和社会发展也由此维系和支撑。因此,将身体素质能够满足生产劳动基本要求的个体定义为"年轻"人口,其所处的生命阶段定义为"年轻"状态。

年轻状态可由一系列可量化的生理指标体现,如体能、耐力、记忆力、敏捷性等;心理指标也在考量之列,一些身体素质保持较好的个体,却可能饱受抑郁焦虑等问题的困扰,这些心理问题同样损耗着其工作的能力与效果。确定好测量的指标后,便可据其编制年轻状态随年龄变动的生命表。年轻状态生命表,可以反映某一年龄段上处于年轻状态和丧失年轻状态的比例。可规定某年龄段上处于年轻状态的人口占比低于某一比例时,该年龄即为老年的起点,因为这意味着到达这一年龄后一部分人便开始丧失年轻状态。由于用于衡量的生理心理指标处于动态变化中,生命表的年龄上限也随之改变,体现出动态弹性的定义取向。

(2) 从生理上定义老年:预留健康年限。

从生产维度定义老年,是利用生命表技术正向推算个体脱离"年轻"的年龄,作为老年的起点;从生理维度定义老年,则是为个体预留出处于健康状态的时间,然后逆向推算其不再健康进入老年的年龄。

这个观点受到"余寿推定法"的启迪。该方法由莱德(Ryder)于1975年首创,他将某一序列人口余寿低于10年时的平均年龄作为老年的起点。后来,随着人均预期寿命的延长,桑德森等学者将预留余寿的年限延长,余寿不足15年的即进入老年期。"余寿推定法"迎合了动态定义老年的要求,随着预期寿命不断延长,使用该方法定义的老年起点也随之上升。依据15年余寿的标准推算,全球老年起点将由2010年的66.6岁逐渐推迟至2050年的69.5岁(Scherbov & Sanderson,2014)。

但无论是以10年余寿还是15年余寿作为设定老年的标准,都较为僵硬和简化,未能动态弹性地体现老年人群的现实状态与基本需求。因此学者呼吁可将普通寿命替换为健康状态生命表,将其作为余寿推定的依据，把剩余的健康年限到达某规定值时的年龄定义为老年的起点。由于老年的起点常常与退休或养老保障政策挂钩，为老年人预留健康年限的做法蕴含着对其的人道主义关怀，在离开工作岗位后，老年人仍有充足的健康时光享受生活乐趣。

（3）从生活上定义老年：丧失自理能力。

除了生产劳动和生理健康，老年人的日常生活能力是定义老年的重要维度。老年人可以脱离工作岗位，但无法逃避日常生活，身体机能的衰退和慢性疾病的侵蚀，往往使老年人无法像以前一样自如地料理家务、照顾自己，严重的则会丧失自理能力。因此，为了拓展老年定义的生活维度，可将部分或多数人丧失自理能力的年龄作为老年的起点。目前，学界已有较为成熟的自理状态生命表，其中主流的方案有两种：其一为在生命表中直接加入年龄组别的自理比率维度，数据的采集和处理都较为简便（Robine et al.，1999）；其二是更为复杂多维的多状态生命表，需要计算个体在不同的生存状态间的转换概率（顾大男，2004）。

但这两大主流方案，在动态和弹性上尚有欠缺，因其判定个体有无自理能力的尺度没有因时而变。从外部因素而言，技术进步和经济发展改善了人居环境，也使老年人获得外部资源更加便捷，实现生活自理对身体素质的要求大大下降了。例如，以往仅是为了完成洗澡这一项任务，便需要进行刷洗浴盆、烧热水、搬运热水等多项十分消耗体力的劳动，但随着热水器、淋浴器等现代家居设施的普及，即使是较为孱弱的老人，也能完成这项任务。而随着现代物流和电子商务的兴起，老年人足不出户、动动手指便可以获取需要的食品、服装等日常生活的必需品，甚至保洁、烹饪、护理、按摩等上门服务。此外，老龄用品和老龄服务行业的迅猛发展，以及助老基础设施的规模建设，将进一步降低实现生活自理对身体素质的依赖。从老年自身内部因素来看，保健意识增强、生活观念更新等也有利于其应对日常生活的任务与挑战。

（三）老年的动态性

线性的生命阶段划分已经不再适应当代社会和未来发展的要求，从生产劳动的角度思考老年定义，有两大因素对于老年定义的动态和弹性提出了现实要求。

1. 健康素质的改善

平均预期寿命，是衡量时代整体健康素质的直观数据。19世纪末20世纪初，主要发达国家的平均预期寿命也仅为约50岁。彼时的心理学家弗洛伊德以预期寿命为参考，把工作效率、胜任范围是否与较为年轻的劳动者持平作为依据，将45岁及以上的职工称为老年。而时至今日，随着生活水平的提高和医疗卫生事业的进步，人类整体的身体素质和健康状况在不断改善，并在老年阶段的初期得到较好的保持。以往超过50岁已经难以胜任的体力工作，可能对于如今60岁或稍微年迈的健康老人都不是问题。发达国家和区域的平均预期寿命大多分布在80岁上下，多数国家的退休年龄已推迟至65岁左右，在当时合理的老年定义显然已经不再适用于当下。

2. 工作性质的转型

城市的兴起、机器的普及以及技术的进步使人类部分地从繁重的体力劳动中解放出来，并催生了依赖脑力的新兴产业与岗位。以往只有青壮年劳动力可以从事的工作，年龄较大的工人也可以借助机器设备完成。同时，体力劳动负担的减轻也有利于提升健康素质、延长工作年限。此外，随着城市化和信息技术的发展，产业结构逐渐向服务业、高新产业转变，知识技能取代体力劳动成为工作效率与质量的决定性因素。

二、老年观：从角色解脱到角色转换

社会实践的进步和老年定义的变迁，推动着社会对老年群体认知的转变。老年生活的乐趣与意义，不仅在于脱离工作岗位、移交社会角色，更来自再融入社会、重塑角色的过程。现代老年观将生命的意义从单一的生存维度解放出来，开拓了多元的终身发展的维度。

（一）传统老年观：社会角色的解脱

躯体衰老、机能退化的老年群体，是否享有平等参与社会生活的权利？家庭、社区和社会的运转、维系和前进，需要老年群体的参与吗？传统的观点是，老年阶段就是与过去的社会角色告别的阶段，为了尽可能地享受晚年生活、为后辈提供发展机会、促进社会血液更新换代，老年人离开工作岗位后，便应该不再主持甚至参与职场和公共事务，回归家庭、颐养天年。解脱理论是这种观念的主要依据。

解脱理论（Commingle，1960）主张：（1）为使社会功能正常运转，老年人应尽可能退出重要岗位；（2）老年生活幸福感的提升，有赖于其所承担的角色数量的减少和重要性的下降；（3）解脱过程是循序渐进的而非一蹴而就，如父母角色的逐渐薄弱、工作角色的逐渐失势、社会角色的逐渐弱化等；（4）解脱是任何个体在老年阶段不可回避的生命体验；（5）解脱符合个体、群体与社会的一致期待，他们均能从中受益；（6）解脱是需被遵守的自然规律和社会规范，如强制退休、移交权力等，如此才能在世代相传中维系社会的持续发展。

尽管解脱理论在20世纪60年代才初具体系，但其思想古已有之。譬如《论语》中的"七十而从心所欲不逾矩"，其含义可以说十分丰富，表达着自由与规则、个人意志与社会道德间的关系，但联系到70岁被普遍作为中国古代老年的起点，其中难免蕴含着人到古稀终于得以部分地摆脱现实人生和社会角色的限制束缚的解脱之意。

20世纪60年代，是解脱理论占据主流的时期，当时人类的平均预期寿命仅为54岁，全球性的老龄问题虽初现端倪但并不严峻。强制老年人在特定年龄退休的政策导向，使其免于在生命的最后阶段仍为生计操劳，在整体预期寿命较低、健康素质不佳的情况下有足够的余寿时间享受闲暇时光和家庭生活。而2000年之后，人口老龄化成为全球问题，人类的平均预期寿命持续延长，高收入国家与地区的老年平均余寿在20年以上。人类的老化得以延缓，有效劳动的岁月延长。如果关于"退休"的界定和"解脱"的观念不因时而变，老年人的很多社会角色会被强制性解脱，这将会导致两方面的社会问题：一是老年人力资源被闲置和浪费；二是余寿的延长，使社会保障的压力不断增大。

此外，解脱理论对于老年人自身而言也有着消极影响。尽管免于从事繁重的体力劳动或费神的脑力工作，有充分的闲暇时间休息娱乐，但与职场和社会的脱节也使他们时常感到无聊孤单甚至出现烦躁抑郁等心理问题，家庭和社会地位的下降以及舆论的贬低偏见令他们丧失生活的意义感和自信心。同期，与解脱理论相互呼应的，还有标签理论（Kuypers & Bengston，1973），标签理论将退休这一行为视为老年人开始疏离社会的标签。在传统老年观的阴影笼罩下，老年人也为自己贴上家庭负担、社会包袱的标签，视自己为社会中低人一等的群体。在这种情况下，根据角色扩张理论，为了弥补社会角色的丧失，维持家庭地位和个人价值，老年人往往积极承担祖父母（外祖父母）的角色，表现为对孙子女进行隔代照料（Chen et al.，2014），隔代照料的强度与积极的年龄认同正相关（Bordone & Arpino，2016）。

解脱理论和标签理论，尽管在当时的社会情境中具备一定的合理性和人道精神，但其绝对化和片面性，对老年人的社会声誉、生活质量、心理健康有着持续而深刻的消极影响。寻求社会角色解脱的传统老年观，无益于改善老年人的弱势状况。如果老年人以消极态度看待衰老现象与自身价值，对家庭、社区和社会都报以袖手旁观的冷漠态度，对外界发生的真实矛盾与变化置身事外，将陷入严重的角色丧失危机。一味寻求解脱的老年人很可能陷入长期的自我封闭，甚至完全丧失改善生活的信心与渴望，在精神孤单恐慌的困境中度过晚年。

（二）现代老年观：社会角色的转换

与传统观念不同，现代老年观认为老年生活的幸福美满不在于社会角色的完全解脱，而更多来自在积极转换社会角色的过程中创造价值。老年人脱离既有的工作岗位和社会角色后，并不意味着对他人失去价值，他们可以转而承担其他领域、组织和岗位的角色，依然是维系与推动社会发展的积极贡献者。角色转换价值理论的核心主张是老年群体将在重新融入社会的过程中建立新的角色认同，创造转换价值，充盈自我。

1. 倡导代际公平

第二次世界大战结束之后的一段时间里，世界范围内普遍出现"婴儿潮"，生育率短期内大幅提高。21世纪以来，"婴儿潮"中出生的一代相继进入老年阶段，我国的"婴儿潮"一代多出生于1949年新中国成立后，学习成长于和平时期，因而同以往的老年人相比，他们具备更高的文化水平、身体素质和更强的参与社会的意愿。然而，受法定退休年龄的强制性限制，虽然他们学习知识的时间显著提高，从事工作的时间却远远短于过去，这样的现实既不符合老年人的内心愿望，也是对数量庞大的具有丰富经验的知识型人才的浪费。

然而社会上普遍存在"老人应该做的事"的集体意识。对此，可以用"社会时钟"（Helson, Mitchell & Moane, 1984）来解释。例如，30岁退休或者70岁工作会被认为是不合适的。但我们需要意识到的是，新时代的老年群体中的一部分人可能不再甘于在生命历程的最后一个阶段坐享社会发展的红利，空置自己积累的宝贵经验与知识，或者陷于服务子女和家庭，而是渴望拥有同各代际平等地参与社会的权利，同时平等地承担起服务社会的义务。

代际之间权利与义务的对等，是代际公平理念的内核。对于老年群体而言，传统语境中，似乎参与社会的权利和服务社会的义务都被剥夺或取消，因此倡导代际公平对于老年人能否转换至新角色至关重要。联合国组织制定的《21世纪国际老龄问题行动计划》中，积极老龄化是一条重要纲领，其中包含着三大要素：健康、参与和保障。"参与"起着承上启下的作用，没有"参与"的话，就无法保持与促进老年人的身心健康，也无法保障老年群体的平等权益。

2. 转变传统生存方式

转变传统生活方式，意味着提高晚年生命的价值，颠覆老年期羸弱多病的刻板印象，将更长的寿命与健康、富裕、充实和终身发展的高质量生命联系起来，倡导崭新的生存方式和理念。然而仅有理念先导并不足以推动现实变革，老年群体摆脱传统生活方式的束缚还有很多限制。例如，中国老龄科学研究中心2003年的调查发现，有58.4%的老年人认为提供给老年人的工作机会很少。长期与外界隔绝、几乎完全脱离家庭外社会角色的老年人约占80%。

保障老年人能在平等、无歧视的环境中参与社会实践，是转变生活方式的重要环节。早在2002年，联合国第二届世界老龄大会制定的《政治宣言》中就有如下表述："老年人的期望和社会的经济需要，都要求老年人能够参与他们所在社会的经济、政治、社会和文化生活。老年人应该有机会能够从事令人满意和生产性的工作，希望干多长时间就干多长时间。老年人应该有继续受教育和受培训的计划。对老年人的认可和对他们充分参与的促进，是积极老龄化的主要的内容。对老年人必须提供适当和可持续的社会支持。"只有成为历史进程的参与者、融入时代发展的潮流之中，老年人才能更好地享受时代发展带来的物质与精神财富，并在全新的生活方式中重塑自我、释放潜能。此外，从社会学和人口学的角度来看，老年人是一种没有定义的角色，也就是说，如果可以转变观念，老年期是个体最可能实现生命历程中对于自由的向往时期（Rosenmayr，1984）。

这里也需要注意另外一种观点，因为知识和信息的流动在前信息时代极为缓慢，老年人会因其具备的知识和经验备受崇敬。而如今知识快速迭代、技术打破了信息传播的壁垒，老年人如果想要转变传统的生存模式，参与到社会生产中，就必须不断更新自己的知识和技能。换言之，经验只有经过不断地迭代，才有价值。此外，传统认知中，知识和技能需要迭代，而人际、处世和情绪管理等社会技能则不需要。但事实并非如此理想，随着一代又一代的新人走入职场，他们会附带着新的人际逻辑，要想达到沟通的品质，学习是不能间断的。倚老卖老的时代已然过去。

3. 实现代际共赢

代际公平的保证，传统生存方式的转变，都促进着代际之间利益的均衡。老年社会角色的探寻与重塑，可能在一定程度上会加剧职场竞争、增加就业压力，但如果通过更加合理的分工和配合，便有可能化"冲突"为"共赢"。

竞争，是人力资源市场不可规避的客观存在。但不同岗位对胜任能力的要求不同，相应地，年龄层次各异、知识结构不同的个体各自有着适合自己的角色。因此，代际之间并不一定是"抢饭碗"，而可以转化为"送饭碗"和"共担饭碗"。代际之间组合分工的工作与生活方式不一定是现代社会的最佳选择，但这种选择从来不应该从社会中彻底删除。老年社会角色的转换，不应是零和博弈，而也许是有利于或者至少不会损害各年龄圈层利益的帕累托最优。

若要实现代际共赢的构想，一方面要认识到岁月沉淀形成的智慧的宝贵性与独特性，老年人口是浩瀚而优质的人力资源宝库，而不是家庭和社会的"包袱"。同时这种资源是可以继续积累和学习的。另一方面，要摒弃对老年人的过度保护与顺从，鼓励代际交流与合作，让老年智慧为年轻人的创造力赋能，重新整合各年龄圈层的角色与功用。对于老年人或者说任何群体的忽视或者过度保护和顺从，都存在使他们出现提前退行的可能。这可以用习得性无助（Seligman，1995）解释——外部环境可能造成个体通过学习、观察和体验形成的一种对现实无望和无可奈何的心理状态。

三、老年期的自我概念与人格特征

在讨论过老年的定义、老年人的价值观念之后，我们将探讨老年人自身对于自我的认知与实际呈现出的人格特征。人格特质和自我概念一旦形成，将保持相对连续与稳定，但在老年期，由于自我和环境的巨大转变，这种稳定往往与变化并存。

（一）老年期的自我概念

自我完整感是老年期自我概念的重要部分。老年人用整个青少年时期和成年中前期积累知识与世界互动，从而完善自我，这使他们的自我概念比任何时期更加安全、复杂和完整（Labouvie‐Vief & Diehl, 1999）。例如，很多老年人确信自己了解多种多样的事物，确信自己可以分辨他人是否可信，确信自己能够处理并善于处理生活事务与人际关系。对自我的高度确定，可以补偿老年人在一些领域的缺席和失落感，最终使其完全自我接纳，这是自我完整感的重要特征。

一项针对德国70岁及以上老年人的研究，研究者引导参与者回答"我是谁"的问题，结果不仅得到了从兴趣爱好、性格特点到社会交往等多面向的描述，还得到了远多于消极自我评价的积极自我评价。而且在4年后的回访中，多数人还删掉了一些之前留下的消极自我评价，代之以新的更丰富的内容（Freund & Smith, 1999）。事实上，老年人对自我的积极态度不仅来自对过去的看法，还体现在对未来的计划上，大部分80岁以上的老年人，在健康、社交甚至社会责任方面仍然希望追求"理想的自我"（Frazier, 2002）。

与此同时，尽管生理机能和认知功能都在衰退，对自我的认知与规划也在不停修正，多数老年人仍能保持着稳定的、一致的自我感（Troll & Skaff，1997），他们认为现在的自己和一直以来的自己在很多地方非常相同。

（二）老年期的人格特征

在老年期，三项人格特征会发生明显的变化：随和性、交际性和对变化的接纳性。总体而言，老年期的人格变化与小气、僵化、固执的成见截然相反。尽管部分老年人可能的确不如以前那么容易相处，事实上，灵活、友善、乐观的生活态度仍在老年人身上十分普遍，这构成了强大的心理复原力。

韦斯等（Weiss et al.，2005）曾对一些年龄在60岁以上的老年人进行开放式访谈，并在他们80~90岁的时候进行回访。结果发现，在第二次访谈中，1/3的老年人在服从、脾气温和、慷慨大方等反映随和性的形容词上，得分远远高于第一次。在随后的人格测验中，他们的随和性得分也有所提高，尤其是那些在第一次测验中随和性得分明显低于女性的男性，这似乎说明了随和性与甘心忍受生活的不完美有关。

而在交际性这一维度，参与研究的老年人的分数则略有下降，这反映了部分老年人在人际关系上变得更加挑剔、外显出更不善于交际的现象，这种转变可能与老年人的配偶和亲友相继离世、社交网络越来越狭窄有关，也可能是随着社会束缚的降低，部分老年人对于"社交形象"的需求越来越低。但那些外向型的老年人得以在一生中保持较高的交际性，这与较高的生活满意度有正相关关系（Mroczek & Spiro，2005）。

第三个发生明显转变的人格特征，便是对于变化的接纳性增强。许多老年人在印证自己的心理健康状况良好时，提到这一点，并且在被问及对于生活的不满意之处时，老年人比其他年龄层群体更常给出"没有任何不满意"的回答（Ryff，1989）。对于变化的接纳性，还体现在多数老年人能够坚强地面对失去亲人的痛苦，甚至是配偶的死亡，很多老年人认为这是其经历过的压力最大的事件（Lund, Caserta & Dimond, 1993）。面对负面事件的发生，老年人更能保持情绪的稳定，且社会经验的增加使他们具备更好的情绪调节能力（Carstensen et al., 2000; Blanchard - Fields, 1998）。生活中的曲折反复、生死离合，很多时候并不受人为的控制，面对逆境的强大心理复原力是老年期能够继续积极生活的重要支撑。

四、"新老年"的特征与心理需求

"新老年"的概念由意大利媒体提出，特指61~76岁有稳定收入的老年群体，他们的崛起不仅改变着对于老年的传统观点，并影响着未来经济社会的走向。随着老龄化的深入发展和科学技术的进步，人们对衰老现象和老年群体的认识逐渐加深，观念也随之变迁。与此同时，越来越多的老年人正在颠覆着刻板印象，摘掉"谨小慎微""固执己见""过分节俭"的过时标签，呈现出崭新的时代特征和个体差异。出生在新中国成立后社会主义建设时期，经历过苦日子和改革开放浪潮的"50后"和"60后"已经步入老年，曾被贴上"草莓族"和"特立独行"标签的"70后"还有10年就会步入老年，有钱有闲可能成为新一代老年人的标签，而社会经济的发展也为其提供了更为多元的选择。2017年发布的《中国老年消费习惯白皮书》指出"新老年崛起"后老龄化的几个新趋势。

（一）巨大的消费实力与市场潜力

国家统计局公布的数据显示，截至2019年底，我国65岁及以上老年人口数量已达17603万人，占总人口的12.6%，远超出14岁及以下少年儿童群体的规模。尽管大量青壮年劳动力从农村迁移到城市，一些大型城市的老龄化水平仍在不断抬升，规模庞大的老年群体形成巨大的消费市场。如北京市，截至 2018 年底，户籍老年人口（60 岁及以上）约 350 万人，占户籍总人口的 25.4%，即平均每 4 名北京户籍人口中就有 1 名老年人。

庞大的老年人口规模，意味着旺盛的消费需求。以养老、护理服务为例：截至 2015 年，全国共计 4000 万余失能、半失能老人，占老年人口总数的 19%。与此同时，我国主要家庭结构正向核心型家庭（仅由父母和未婚子女两代人组成）转变，这使养老问题越来越依赖于家庭以外的力量。然而长期以来机构和社区养老产业发展滞后、良莠不齐，造成养老服务业供求失衡。众多的失能和半失能老人无法获取平价便捷的护理服务，给家庭带来沉重的经济与生活负担。2018 年全国老龄办发布的《中国康养产业发展报告》预测，中国老龄产业的整体规模将在 2020 年达到 8 万亿元，并于 2030 年突破 22 万亿元，GDP 拉动率预估在 6%~8%，将成为未来拉动经济增长的支柱型新兴产业。

除了巨大的市场基数，老年人的消费能力也不容小觑。《2017 年中国家庭金融调查报告》数据显示，截至 2017 年底，家庭月均总收入在 4000 元以上的老年人口数超 1.06 亿人，其中有 1600 万老人的家庭月均收入在 1 万元以上。不仅家庭收入可观，老年人的个人财富积累也十分充足：在固定资产方面，《养老金融蓝皮书（2017）》指出，我国城镇老年人住房拥有率为 75.7%，这意味着多数城镇老年人至少拥有一套住房。在流动资产方面，2017 年发布的《中国康养产业发展报告》表明，截至 2016 年底，45% 的城市区域老年人口拥有储蓄存款，总存款额超 17 万亿元，人均存款近 8 万元。此外，网络消费逐渐成为老年消费的新潮流，京东购物平台 2017 年的数据显示，尽管数量只占注册用户总量的 2%，老年用户的人均消费额度约为所有用户平均水平的 2.3 倍，消费能力强劲。

（二）更丰富的消费需求

据《2017 年中国家庭金融调查报告》统计，老年人口平均每月将45%的收入用于家庭消费，除食品、日用品等日常开支和必要的医疗费用外，老年群体的消费开始向保健、社交、休闲等领域转移。充沛的财富积累和闲暇时间，使"新老年"更愿意为提高生活品质、满足精神需求付费。眼下，老年消费主要集中于日常生活用品、药品医疗、养生保健和娱乐休闲四个主要领域。其中，以食品、日用品为主的日常生活品依然是老年人开支的主要部分。近几年，老年消费的需求正在向服饰、餐饮、营养保健品、社交娱乐、旅游等新兴领域转移，但供给端在产品及服务的个性化和丰富性等方面做得并不尽如人意。

以老年旅游市场为例，国家老龄委发言人称，近年来老年游客占全国出游总人数超过20%，远高于老年人口占总人口的比例，且在旅游淡季该数字会更高。老年游客成为仅次于中年游客的第二大客源，且单次旅行花费较多，据携程旅行服务平台统计，老年游客单次国内游平均消费约为3200元。在旅行目的地的选择上，逾60%的老年游客倾向于距离较近的地区和国家，也有近30%的老年游客选择欧美国家进行长途出游，平均花费约12000元。与需求端的蓬勃成长相比，供给端的发展相对乏力。众多旅游从业者尚未注意到这一趋势或者没有用心去结合老年游客的切身需求进行产品的设计和定制。这使老年人选择出游产品时困难重重，低价团、诱导购物、签约三无产品、旅途安全等问题层出不穷。2018年携程的数据显示，老年旅客占意外摔伤理赔事主的一半以上。针对老年消费者的歧视条款也是一大问题，部分旅行社禁止没有子女跟随的老年人参团，即使其身体素质尚佳，更有一些保险公司的旅行意外险也将高龄老人划在可参保的范围之外。

(三) 更长的寿命和更多的慢性健康问题

医疗卫生事业的进步和生活水平的提高，使得我国人均预期寿命节节攀升，从2000年71.4岁增长至2018年的77岁。而人均预期寿命的延长，也意味着更多的老年人可能在生命的最后阶段长期受到慢性疾病或退行性疾病的困扰。早年生活中形成的不良生活习惯，以及较为薄弱的健康管理意识，使我国约八成的老年人患有一种及以上的慢性疾病。根据国家卫健委发布的《中国居民营养与慢性病状况报告（2015）》的调查数据，我国老年人口的吸烟率高达22.4%，有害饮酒率为11.4%，危险饮酒率也高至9.3%，同时近一半的老年人口存在中心性肥胖的问题，这是心脑血管疾病的重要诱发因素，逾四成的老年人口患有脂蛋白胆固醇血症。长期处于亚健康状态、被慢性疾病折磨的老年群体，对于养生保健、康复护理、智能医疗、远程监测等产品及服务的需求十分旺盛。

（四）更孤独的处境和更强的社交需求

我国于20世纪70年代末开始执行计划生育政策，这意味着，独生子女的父母一辈正在相继进入老年阶段。受文化传统的影响，中国父母对于子女有着更强的物质期待和情感需求。《2017年中国老年人消费习惯白皮书》的调查表明，觉得子女是晚年生活不可或缺的部分的老人占七成。与这种强烈的需求相悖的是，我国主要家庭结构正在向核心型家庭转变，老年人不再像以往那样密切地参与已婚子女的生活。国家卫生和计划生育委员会（以下简称国家卫计委）发布的《中国家庭发展报告2015》显示，我国41.9%的老年人仅与配偶同住，9.9%的老年人独自居住，空巢老人（空巢老人，指没有子女或虽有子女但不和子女共同居住的老年人）约占全体老年人的51.8%。根据2015年我国60岁及以上老年人口总数2.22亿计算，我国空巢老人总数逾1亿，独居老人超过2000万。家庭陪伴功能的弱化，使老年群体会更多地从外界寻求精神慰藉，与此同时，互联网技术的快速渗透，使网络社交和网络娱乐在老年群体中蔚然成风。

近年来，媒体时常报道老年人在宜家家居聚会社交的新闻。而这种聚集往往并不是因为老年活动场所的缺失，许多社区都设有免费开放的活动室、阅览室、健身设施甚至棋牌室。但是如果老年人想找一个优雅有情调且不会受到另眼看待的地方聊天交友,却没有那么容易。在社区场所,没有现磨咖啡也没有食物小吃,环境也往往简陋古板。宜家的出现恰恰满足了老年聚会的需要:舒适、自由、优雅、氛围温馨,有好喝的咖啡和实惠的食物。这折射出老年社交的迫切需求和这种需求远远没有得到市场的重视与满足的矛盾。

(五) 更积极地融入社会和渴望获得尊重

随着人均预期寿命的延长和价值观念的转变,越来越多的"新老年"在退休之后仍然通过多种多样的方式参与社会生活。一些老年人通过返聘、再就业、从事兼职等方式重回工作岗位,以实现从全时工作到彻底退休的过渡。退休后的老年人有更多的闲暇时间,在其他的社会领域也日益活跃。无论是社会治理、科研创新,还是志愿服务、文艺体育,其间都不乏老年人的身影。对他们而言,老年不再是脱离社会、安享晚年的衰退时期,而是意味着更多的自由和可能性。2019年发布的《中国老龄化社会的潜藏价值》报告表明,57%的老年人认为退休使自己感觉更自由;42%的老年人觉得生活更为丰富,可以尝试不同的领域;还有28%的老年人感到重新拥有了人生的选择权。不甘于只是安享天伦之乐的"新老年"不断拓宽着生活场景,由家庭延伸至社区乃至更宽广的社会。

走向社会的"新老年"群体,有着比以往的老年人更为强烈的被尊重和被需要的需求。长期以来,受传统老年观的影响,老年人往往被认为是道德观念、知识技能落后的代表,甚至被认为是家庭和社会的沉重负担,因而得不到社会、他人甚至子女的接纳与尊重。而新时代的老年人在财富和社会资本的积累上,完全不逊于甚至丰富于青壮年,并且在持续的社会参与中积极探寻自我价值、创造社会价值,自尊自信的"新老年"在积极的重塑社会角色和形象。

五、世界范围内的"新老年"

随着社会经济的发展和生活水平的提高,一批具有消费能力、消费意愿以及消费品位的老年群体在全球老龄化国家纷纷涌现。

(一)意大利:六七十岁正年轻

意大利是欧洲老龄化程度最深的国家,也是全球老龄化第二严重的国家,仅次于日本。根据世界银行公开数据,截至2018年底,意大利65岁及以上的老年人口已占全国总人口的22.4%,预计到2050年,老年人口将占其全国总人口的45%,届时意大利将成为名副其实的"老人王国"。意大利老年人呈现出不同于传统认知的鲜明特点,许多早已超过法定退休年龄的老年人,仍然从事着自己热爱的工作,活跃在社会各公共领域。意大利人口学家敏锐地观察到这一现象,据此提出"新老年"的概念。他们认为,时代的变迁使61~76岁的老年群体具有个性化的特征,已经不再适用于老年的传统定义,因此应当被定义为"新老年",只有高于76岁的老年人才是与传统认知更为贴近的真正意味上的"老年"。

意大利的"新老年"群体,不愿意遵从刻板印象的束缚,仍然保持着"年轻化"的生活方式与处世态度,乐于接触和学习新鲜事物。而意大利看重资历与权威的职场传统,也为"新老年"延续职业生涯创造了良好环境。此外,"新老年"热衷于享受品质生活,注重外表与文化艺术,他们平均消费额相较于青年而言有过之而无不及。其中,家具、服饰、旅游等消费领域最受青睐,在这些领域,该群体的消费额约占到全国消费总额的2/3,大大小小的奢侈品专卖店里也不乏"新老年"的身影。

（二）日本："新老人运动"

20世纪中期以后，日本的老龄化程度迅速加深，面对严峻的老龄化挑战，政府、社会及个人都在想办法积极应对。2000年初，民间自发形成的"新老人运动"逐渐兴盛。该运动由日本著名长寿医生日野原重明领导，旨在保持与改善高龄老人的身体、心理和社交素质，进而颠覆认为老年群体体弱多病、无所事事的社会偏见，打造积极融入社会、乐于服务社会的"新老人"形象。

日野原医生将75岁及以上的能够生活自理、仍然从事劳动的老年人称为"新老人"。和意大利人口学家对"新老年"的看法类似，他发现许多65~74岁的老人仍活跃在职场和公共领域，将其视为需要特殊呵护的群体不但是过时的偏见也是人力资源的浪费。"新老人运动"主要针对74岁以上的高龄老年群体，帮助其激发活力、焕新形象，进而为社会良性运转做出贡献。2000年9月，时年90岁的日野原医生于东京宣布"新老人协会"正式成立，并当选第一届会长。此后，"新老人协会"如雨后春笋般在日本各地蓬勃发展，掀起了一股做"新老人"的老年运动浪潮。

"新老人运动"强调关爱（to love）、开创（be creative）和忍耐（to endure）。"关爱"即在珍视家庭、朋友和社会关爱的同时，力所能及地向他人奉献爱。"开创"即学习新知、体验新事，寻找生活的乐趣与激情。"忍耐"即悦纳衰老，客观看待身体的变化与生活的烦恼。

新老人的"五项目标"中，"自立"名列首位，即提高健康管理水平，力求生活自理；二是"世界和平"；三是"促进医学发展"，鼓励老人为医疗、科研机构等担任志愿者、提供信息；四是"积极交流"，即通过分布各地的协会开展的活动，帮助会员们广交好友、丰富生活；五是"珍爱自然"，切实践行低碳环保的生活方式，并向他人宣传、科普。向青少年们传递爱与和平则是"一个使命"的核心内容，于2006

年加入协会纲领。

（三）美国：终身学习的老年人

2019年，AARP Research发布的《2019美国50岁以上老人科技趋势报告》称，数字科技及其产品在逐渐成为美国老年人生活的核心构成之一。数据显示，50岁以上的美国人中，有94%认为科技在其与亲友的沟通中大有帮助，使用过电脑的比例为91%，拥有智能手机的逾80%，比例与各年龄层的平均水平相当。预计至2030年，规模超1.3亿的50岁及以上美国人口每年将支付逾840亿美元，用于购买电子产品。

美国中老年人不仅对已经较为成熟的数字技术产品感兴趣，他们对于新兴的科技领域和产品也充满着好奇与渴望。参与调查的美国中老年人，普遍对能给生活带来便利或乐趣的新技术抱有浓厚兴趣，其中最受关注的是自动驾驶和智能家电。近25%的受调查者认为自动驾驶技术十分重要，稍年迈的人对自动驾驶车辆呈现出更强烈的购买欲望，并希望其具备紧急制动、变换车道、自动泊车、定速巡航等功能。50%的受调查者家中至少拥有一台可联网的智能电视。家庭智能语音助理（如Google Home、Amazon Alexa et al.）的普及率也不断上升，近1/5的美国中老年人拥有同类产品。此外，13%左右的美国中老年人尝试过使用VR（虚拟现实技术）设备。

美国老年人的求知欲不仅体现在对科技产品的狂热上，在精神层面也如火如荼。老年教育一直是美国教育体系中的重要组成部分。美国老年教育机构主要分为三大类别：一是不只涵盖老年群体的各类院校，如高级中学、技校职院、专科大学、社区大学及其他高等教育机构等；二是针对老年群体的非营利性组织，如公共图书馆、教堂、博物馆、社区老年活动中心、老年兴趣团体等；三是以营利为目的老年教育机构，如老年游学营、老年大学、私人教师、老年职业培训机构等。体量庞大且层次丰富的老年教育体系的形成，得益于政府与法律对老年教育的大力支持。如今，互联网逐渐成为美国老年教育的重要工具与途径，数据表明，23%的美国中老年人曾经或正在通过网络授课考取资格证书或学位，在数字信息科技的加持下延续着终身学习。

第三章

健康老龄化

面对基数庞大且快速增长的老年群体，国际社会提出了"健康老龄化"的战略目标。具体而言，健康老龄化关注老年群体的生理健康、心理健康以及社会支持。健康老龄化的实现需要个人、家庭以及社会的共同协作。当下，我国社会保障体系与公共服务改革都开始着力解决"老有所养，老有所医"的挑战。其中，"医养结合"模式是满足老年群体多层次健康养老需求的有益探索，对实现我国健康老龄化具有重要意义。

一、健康老龄化的三个维度

传统观点认为，健康就是个人未患疾病（尤指生理疾病）的状态。世卫组织于1948年重新定义了健康的内涵：健康不能仅以有无疾病定义，还包括个人的生理、心理和社会功能均处于健全完好的状态。这体现出现代健康观的核心观点：健康的个体不仅拥有功能正常的躯体、积极乐观的精神，还应与外界的自然及社会环境相适应、相协调。

基于对健康的新认识，健康老龄化（healthy aging）的概念于1987年5月在世界卫生大会上被首次提出，其涵盖了老年人口在生理、心理以及社会生活方面的正常状态。1990年召开的哥本哈根世界老龄大会上，健康老龄化被世卫组织确定为一项应对全球老龄化问题的长期战略。

（一）生理健康

1. 身体机能的部分退化

当人类进入老年期，躯体的器官和机能会不可避免地逐渐衰退。器官层面，运动系统、呼吸系统、神经系统、循环系统、消化系统等承担基本生理功能的器官系统都在退化。机能方面，老年人的毛发变得容易脱落，色彩趋于灰白；皮肤的表皮变薄、弹性减退、含水量降低、细胞活力减退，导致皱纹、鳞屑、萎缩、角化、色素沉着等皮肤问题；主要肌肉萎缩、肌肉力量不足，导致运动机能衰退，更易疲劳；骨质和骨节老化，易诱发骨质疏松、骨质增生、关节疼痛等疾病与症状。在种种因素的作用下，老年人更易长期处于生理功能紊乱、器官系统失能的亚健康状态。生理机能的衰退可能受到基因程序的影响，也可能是随机发生的细胞变化，但如果精心护理和保健，大部分的身体结构仍能正常发挥功能直至80岁后。值得注意的是，我们一般会认为随着年龄的增长，大脑的重量会不断流失，脑细胞会不断消亡。但事实上，科学家发现，虽然50岁之后，大脑的物理形态会萎缩，重量会不断下降，但大脑的重建能力远超我们的想象。只要经常使用，脑细胞会重建和恢复。而学习新东西、体育锻炼以及健康饮食都可以促进这个过程。

2. 慢性疾病多发

除了亚健康问题，高血压、心脏病、糖尿病、关节炎、慢性支气管炎等慢性疾病也是老年人面临的重要问题。根据国家卫计委2018年的调查，我国共计有近1.5亿的老年人患有慢性疾病，且多病共存并不罕见。世卫组织的研究表明，60%的慢性疾病源于不健康的生活方式，同时也受遗传、气候与医疗水平等次要因素的影响。饮食结构失调、欠缺体育锻炼、吸烟与过量饮酒是慢性疾病的四大元凶。对于老年人而言，不良的生活习惯，加之机体的自然衰退，使其更易遭受疾病侵袭。此外，平均预期寿命的延长，也解释了病程漫长、治愈率低的慢性疾病为何在老年人群中愈加多发。

高龄人群的增长，对社会造成了直接的影响。在美国，每个老人的医疗支出是儿童的五倍以上，老年人口的医疗支出占比30%以上。截至2018年底，我国74.7%的60岁及以上老年人口患有一种及以上的慢性疾病，极大地损害着老年人的生命质量和生活品质，其中的一些慢性病甚至可能发展为威胁生命的重疾。据国家卫计委统计，有高达91.2%的已故老人死于慢性病及其并发症。老年慢性病问题不仅对个人来说意义重大，对于家庭和社会也是不可回避的挑战。世界银行预估，2018～2030年，中国因慢性疾病产生的医疗卫生、社会保障负担将因老龄化而增长40%。

3. 生活能力丧失

失能，在医学中一般指由于老化、患病、伤残等原因导致的生活能力的丧失。国际通行标准规定，进食、穿衣、洗澡、上下卧床、如厕、行走6项基本日常活动中，如有1～2项不能独立履行为"轻度失能"，3～4项不能独立履行为"中度失能"，5～6项则为"重度失能"。中国人民大学于2016年编纂的《中国老年社会追踪调查》报告中的数据表明：我国轻度和中度失能老人占老年人口总数的10.5%，城乡失能、半失能老年人口共计约4063万，远程医疗、居家问诊、康健护理等健康服务需求长期名列老年服务需求的榜首。生活能力的丧失会产生长期护理的需求，相关的服务以及花费，对老人、家庭和社会，都是沉重的负担。

（二）心理健康

1. 生理健康的衍生问题

机能退化、感染疾病等生理变化会引发相应的心理变化甚至形成身心疾病。老年期，人类的身体机能衰变，认知功能退化，致使其思维钝化，反应迟缓，注意力、记忆力等显著下降，如果心理疏导与抚慰缺位，很容易产生无价值感、不安全感和悲观、沮丧的情绪。高血压、冠心病、糖尿病、失眠等慢性疾病，一旦患上很难治愈，通常需要老年患者耗费整个老年期与其抗衡。在漫长的病程中，老年患者的自理能力变差，在情感、照护、经济等方面对他人的依赖增强，这会使患者因愧疚和不安而产生较大的心理负担，容易出现焦虑、抑郁等负面情绪；另外，疾病带来的饮食起居等生活习惯的改变、生活质量的下降、持续治疗带来的经济问题以及患病后内心的无力感等一系列问题，都会给老年患者的心理健康带来不利冲击，而心理问题又会反过来对疾病康复造成消极影响，由此形成恶性循环。

2. 心理需求得不到满足

除由生理变化和疾病衍生的心理问题，正常的心理需求得不到满足，也是影响老年心理健康的重要原因。情感需求是老年人最基本的心理需求，但随着核心型家庭成为主流，越来越多的"空巢老人"正在诞生，来自子女的实质慰藉与关切越来越少，或者由于物理距离和代际差异产生的关切错位和形式化，使老年人的情感需求有所空缺，也导致丧偶等家庭变故变得难以承受。尊重需求也是老年人重要的心理需求之一，随着老年人离开工作岗位，角色和地位也随之转变，由于社会的偏见与歧视，老年人往往被视为家庭和社会的"负担"，这使老年人感受不到来自他人的认可与尊重，易生出焦虑、孤独和被抛弃的情绪。除此之外，老年人还具有文化娱乐、社会交往及自我实现等心理需求，但受到主客观条件的限制，往往不能充分得到满足。

随着老龄趋势深入发展，老年心理健康问题日益突出。2019年，国家卫健委公布的数据显示，城市区域老年人口的心理健康率仅为30.3%，农村区域仅为26.8%。家庭规模缩小、人口频繁流动、文娱资源缺失等因素，是导致老年人口心理健康状态不佳的原因。患有心理疾病或有情绪问题的老年人，蒙受着巨大的痛苦与压力，严重影响生活质量；并且可能伴随复杂的生理症状，如四肢乏力、睡眠障碍、呕吐厌食、容易疲惫等。

3. 常见的心理和行为问题

老年抑郁症对于大多数人是陌生的疾病，但实际上相当普遍。李宁等（Li N et al.，2018）进行的一项涉及我国 14 个省份的 8113 位老年人的流行病学调查研究显示，我国老年抑郁症的患病率约为 15.9%，其中有 36.4% 的患者伴随有轻度认知功能障碍。抑郁症往往是基因与环境因素的共同作用，一般而言，压力事件、药瘾和孤独是重要的诱发因素（NIMH，1999）。对于老年人而言，特有的风险因素包括慢性疾病、残疾、离婚和丧偶等（Mueller et al.，2004）。抑郁症患者通常也患有其他临床疾病，但医生面对疾病缠身的患者时，往往优先治疗生理层面的疾病，而忽视掉抑郁症对于老年健康的整体影响。

痴呆，是引起认知及行为功能下降以至于严重影响个体日常活动的一系列症状的总称。痴呆是严重的认知损伤，而非随年龄增长的正常认知功能下降。多数痴呆是无法治愈的，但是及早确诊和治疗能够使 10% 的临床患者的症状有所缓解（Wykle & Musil，1993）。约有 2/3 的痴呆是由阿尔兹海默症（Alzheimer's disease，AD）引发的（Small et al.，1977）。阿尔兹海默症的典型症状为言语障碍、记忆受损和视觉障碍等，早期主要表现为记忆力下降。引发痴呆的第二大源头是帕金森症（Prarkinson's disease），它使神经系统逐渐发生病变，临床表现为身体僵硬、震颤、姿势不稳和心动迟缓（Nussbaum，1998）。

（三）社会支持

社会支持，尽管超出大众的常规认知，但同样是健康老龄化的重要维度。社会支持可依据功用的不同，分为经济支持、生活支持和精神支持三类。经济支持主要指用于维持生存及基本生活的资金、物资支持；生活支持指对于个人日常生活事务及特殊事务（如患病等）的协助和照料；精神支持主要指通过陪伴等方式在幸福感、价值感及心理调适方面的支持。根据来源划分，可将社会支持分为正式支持、非正式支持两类。老年人的社会支持最主要的形式是非正式支持，主要来自配偶、其他家庭成员以及朋友和同事。此外，来自政府、社区、单位等官方机构的正式支持也是社会支持的重要来源。

人类之间的彼此扶持，是维系社会运转、开展正常生活的必要条件，老年人生活的许多困境恰恰是来自社会支持的缺位。工业化、城镇化的浪潮使社会流动日益频繁，直接诱发家庭结构与规模的剧变。然而，对于身处浪潮中的老年群体，尤其是空巢老人而言，非正式支持与正式支持都不尽如人意。完善的老年社会支持系统，不仅彰显出社会对于身处其中的每位公民的人道关爱，也映射出国家文明与发展程度。

1. 经济支持

城市老人大多有退休金以及子女的赡养费，农村老人的生活来源主要是子女的赡养费以及自己的劳动所得，城乡医疗保险则可以部分地分担医疗费用的压力。一些老人由于种种原因只能依靠极低的社区救济、低保和自己的劳动养老，但社区和政府所能提供的仅仅是最低生活保障，一旦发生重大疾病或丧失劳动能力，老人的生活就会陷入困境。体弱多病、子女赡养不力、家庭变故等原因也会加剧老人的经济困境。此外，受社会经济结构的影响，子女建立家庭、购置房屋等往往需要老人的资助，这极大地增加了他们的生活负担。

2. 生活支持

生活支持主要分为日常生活支持和特殊事务支持。日常生活支持包括个人卫生护理（如洗澡、上厕所等）和家庭事务料理；特殊事务支持主要指患病期间和康复期间的陪护。多数健康老年人可以自理个人卫生及家庭事务，部分失能、半失能老年人则不然，而健康老年人也可能在部分时期由于疾病等原因需要他人协助。他们大多会选择向配偶、子女和亲属求助，当身患重病且无人照料时才会花费资金雇佣保姆。但随着社会流动性的增加，子女选择留在老人身边的越来越少，很难在老人需要生活支持时及时出现。

3. 精神支持

随着社会经济的发展及社会保障体系的完善，老年人口的物质需要大多能得到满足，而精神支持不足的问题日益突出。老年人既渴望得到家人尤其是子女的陪伴与关爱，也希望得到社会的接纳和认可，但现实却不尽如人意：他们与亲友的交流频率和深度十分有限，无论是积极和消极的情绪都不能及时地处理。与此同时，日渐衰退的认知与运动能力使他们无法像以前那样轻松地应对生活和工作，由此产生无意义感、无价值感，感受不到被他人需要和尊重。对于庞大的老年基数而言，寂寞孤单、苦闷无聊、焦虑抑郁的现象并不罕见。

4. 正式支持

在经济支持方面，政府或社区等组织已经设立并落实了养老保险、医疗保险、低保等相关制度，惠及大部分老年群体，但对于贫困老人其所能提供的仅是最低生活保障，无法保证生活质量。生活支持方面，正式支持的参与并不常见，社区和村委会往往只帮扶和关注困难老人。正式支持对老年人的生活帮助还处于探索阶段，如何与家庭养老实现连接还需进一步探讨。精神支持方面，多数居民社区和村庄已配备老年活动中心，内设棋牌室、阅览室、礼堂、心理咨询室等，为老年人的学习、社交、休闲提供物质保障。

5. 非正式支持

退休之后，老年人脱离了工作环境，失去了以往朝夕相处的工作伙伴，并且随着亲故离世、儿女成家、丧失配偶等重大生活事件的发生，老年人的人际交往的范围萎缩、频度下降、深度趋浅。大量的闲暇时间、离群索居的状态加上行动不便，易使老年人产生孤独感、无助感、无意义感等心理问题，生活中遇到困难或者身体出现问题时也不易及时获得帮助。购置衣物、食物、药品、保健品及提供赡养费是大部分后辈支持长辈的主要方式，但出于距离和时间等客观因素的限制，在生活和精神方面难以面面俱到。

二、健康老龄化的行动策略

应对老年健康问题，实现健康老龄化，需要老年人自身、家庭和社会的联动配合，在生理健康、心理健康和社会支持三个维度采取有效行动。

（一）生理健康层面

1. 老年人群：自我管理，配合治疗

对老年人自身来说，身体的衰老是不可逆转的，但通过科学锻炼、注意饮食、规律作息、加强保健可以维持身体器官和功能的良好状态，延缓衰老。与之相反，不良的生活习惯和饮食习惯往往是导致慢性老年疾病发生的主要原因，缺乏运动、肥胖、饮食不合理、血压异常、血糖升高等为常见的致病因素。

老年群体应当意识到自身所处生理阶段的特殊性，积极从报刊、电视、社区或医疗机构等正规渠道接受健康教育，定期进行疾病筛查以及疾病风险评估，提高自我保健意识，允分意识到罹患慢性病的风险，纠偏不健康的生活模式，养成科学的健康观念和膳食结构，定期适度锻炼身体。对于已经患慢性病或其他疾病的老人来说，也应当正确认识各种显性和潜在的病症，积极配合治疗和护理工作，以提升治疗效果。

2. 家庭：广泛参与，积极干预

由于目前社区卫生服务和医疗机构对于老年患者的管理，仍以用药指导和病情监控为主要内容，对于老年人群的患病因素防治还远远不够。细致深入的疾病防治工作，离不开每个家庭的参与和支持，同时伴随人口高龄化带来的老年慢性病患剧增，也越来越鼓励老年患者在自己家中得到护理和治疗。

具体而言，家属在协助与监督老年患者的同时，可以注重培养和提升他们的健康素养，即摄取、辨析和实践健康知识的能力。例如，鼓励老人通过视频网站、电视节目、短视频等方式获取关于健康饮食、防病治病、生活习惯等的知识。家属还可以与老人定期聊天，引导老人表达内心的想法和情感，从而以更积极的心态面对衰老与疾病。家属还可以帮助老人寻找相关资料，与老人共同制定健康管理的目标与计划。

值得注意的是，家庭在老人心理和生理层面的作用都很重要。这里就必须指出一个观点，悉心的照料往往是超越法律甚至道德层面的善意。老龄化交换理论（exchange theory of aging）指出在人的一生中，与亲缘或者主要照料人是一种交换时空的互动和互惠。也就是说，孩子照顾父母、伴侣之间的相互照顾，在某种程度上，是对于过往时空中，享受到的照顾的回报。而人与人的关系往往错综复杂，需要不间断地学习和反思，天然的血脉并不能保证关系的品质。这就意味着，老人想要得到各个层面高品质的照料，从初期养育孩子的时候，就需要超越吃饱穿暖的基本诉求，以同等的善意学习亲子教养和亲子关系的建立。在孩子成年后，继续学习和反思关系的发展。父母和孩子的关系，不会随着孩子长大、自己变老而忽然变得无比舒适。所有的互动管道，都需要从一开始悉心建设，同时在漫长的一生中不断维护。伴侣之间亦然。

3. 社会：完善体系，创新模式

除了老年人自身以及家庭的干预，构建社会层面的老年健康服务体系也是促进健康老龄化的应有之义。目前，我国有限的健康服务资源，还不能充分满足数量庞大的老年群体的医疗健康需求。具体体现在：老年健康服务体系不健全，且各个环节之间缺少衔接，医养结合的老年健康服务模式还在探索之中；老年服务机构类型和功能单一，服务质量欠佳；老年健康服务人才不足，专业性有待提升。因此，应当从以下三个方面进行完善与创新。

（1）老年健康服务体系。

人口基数大及老龄化问题不断加剧，我国城乡养老和慢性病防治形势愈发严峻。现行的医疗卫生与公共服务系统，不足以完全满足老年病患的需求，在实践中存在大量的难点与瓶颈，如：老年慢性疾病管理到底该由谁负责？救治与康复该如何衔接？需要长期照护的老年病人怎么办？生命垂危的老年患者应在何处获得临终关怀？针对上述问题，应当通过完善顶层设计协调好各项政策、机制与隶属关系，建立普惠性、公开透明、贯彻生命周期的老年医疗健康保障系统，涵盖但不限于常规健康管理、慢性疾病防治、急症就诊、康复理疗、长期护理、临终关怀等，力求实现各个环节的良性互动与无缝链接。

由于目前我国主流的养老机构仍处于医养分离的状态，即使是具备医疗保健功能的养老机构，也大多面临着医护水平有待提高、服务项目单一等问题。随着我国人口老龄化问题不断加剧，老年群体对医疗服务及健康护理的需求逐年增加，医养结合可能是未来养老的理想模式。具体而言，可通过社区医疗卫生机构、老年服务中心满足社区内老年慢性病患者和处于急性老年病前期患者的医疗与养老需求，进而通过区域医疗服务中心妥善处理急性老年病发病期和危重症的患者，并且借助专业的健康照护系统和队伍满足医疗机构内老年患者的日常照料需求。此外，应借鉴发达国家经验，建立较为完善的健康保障制度，如老年救助体系、老年长期护理保险制度等，并打通其与整个健康服务体系的链接。

（2）老年健康服务机构。

国务院发布的《关于促进健康服务业发展的若干意见》中指出：各省份应通过新建或改建二级医院的方式，积极培育和发展老年专科医院、老年康复基地、老年护理中心、临终关怀医院等老年医疗健康服务机构。近年，由于老年群体医疗、护理、康复和养老需求的强劲增长以及宏观政策的引导与扶持，国营与民办的老年医疗健康服务机构连年扩张，但在内部机构管理，如服务质量、技术水准、规范定价等方面仍然有待提高，外部层面与二、三级医院的转诊与合作缺乏规范与协调。

因此，各级政府应当出台相关优惠政策，积极推动医养结合机构的建设与改造，为其创造有利发展环境。例如，青岛市实行长期护理保险制度，以此推动医养结合市场的繁荣；北京市鼓励二级医院转型为医养结合服务机构；郑州市支持医疗机构与养老机构签约合作，协同提供医养结合服务。此外，医养结合服务机构要充分发挥主观能动性，针对差异化的老年需求，提供人性化、高品质、有特色的服务。例如，对于居家养老、社区养老的老年人群，他们大部分身体状况较好、能够自理，或者有家人陪伴，服务的重点在于家政服务、休闲娱乐、养生保健及慢性病防治；对于无人照料或因病长期入驻机构的老年人群而言，在生活照料、精神抚慰之外，服务更侧重于医疗救治和康复护理。

（3）老年健康服务人才。

庞大且持续增长的老年人口，使老年医疗卫生服务需求剧增，其服务的规模与质量遭受前所未有的压力。长期以来，老年健康照护人才和相关执业标准的缺失是重要短板。目前在各种机构从业的人员，素质良莠不齐。为此，2020年2月25日，人社部、市场监管总局及国家统计局联合发布了16项新职业和等级规定，其中"健康照护师"名列其中，该职业被定义为"运用基本医学护理知识与技能，在家庭、医院、社区等场所，为照护对象提供健康照护和生活照料的人员"。同时，职业资格分为三级：助理健康照护师、健康照护师和高级健康照护师，申报资格同学历和工作经验挂钩。在2020年初的新冠肺炎疫情防治中，大量的健康照护师已经开始发挥作用，他们积极为病患提供清洁、饮食等健康照护和生活照料服务，帮助病患按时服药、治疗，对患者尤其是自理能力较差的老年患者的康复起到了重要作用。

为进一步壮大老年健康服务专业队伍，需要着力完善学历教育与非学历教育相结合的培养模式，提升老年医学、康复医学、老年护理专业人员的培养效率与质量，为健康老龄化供给正规而充足的医务、康复和护理人员。具体而言，有如下几点建议：一是将老年医学设为医学的本科基础课程（目前医学本科基础课程只涵盖儿科而不包括老年医学），加大力度招收培养老年医学专科的硕博研究生；二是将老年病学作为住院医师规范化培训的独立内容（目前尚未加入《住院医师规范化培训内容与标准》细则），鼓励住院医师成为老年专科医师；三是鼓励二级甲等及以上的医疗机构统一设立老年专科，在提供医疗服务的同时，担负起科学研究和培养老年健康服务人才的责任。

（二）心理健康层面

1. 老年人群：丰富生活，和谐身心

多项追踪研究的结果表明，在老年生活中，心理健康与身体健康息息相关，密不可分，生活习惯与行为方式深刻影响着心理健康。规避不良的生活方式、提高健康管理意识，可以防治或延缓慢性疾病的发生，促进身心健康；规律、适度的体育锻炼不但可以提高身体柔韧性和灵活性，还能有效增强其对疾病的免疫力；丰富多彩的日常生活则可以减轻晚年生活的孤独感和失落感。除了积极预防，长期处于抑郁情绪的老人应当及时寻求专业医师的帮助，当家属发现老人有长期抑郁的症状时，也应该鼓励老人到正规医院就医，正确认识心理疾病，积极配合治疗，不要讳疾忌医也不要病急乱投医。

2. 家庭：更少压力，更多关心

对于老年人群而言，低龄老人和高龄老人面临的心理问题不尽相同。由于子女正处于成家立业的阶段需要大量人力物力，而老年人的财力与体力都不如壮年时期，低龄老人在给予子女经济支持和家务劳动等方面付出的经济和体力的压力较大，而子女生活的些许不如意都可能导致他们的焦虑与不安。所以，低龄老人的子女应尽量少给父母增加经济负担与心理负担。高龄老人则在心理层面更为孤独无助，由于行动不便和脱离社会，其社会交往的深度与广度下降，在家中的地位及权威不再。因此，对于高龄老人的心理健康问题，需要家庭给予更多的关心、尊重和照料，多和老人沟通，多带老人外出散心，鼓励老人外出活动或在家中招待亲朋好友，丰富其日常生活。对于罹患心理疾病或出现相关症状的老人，家人应予以足够的重视和关心，最好有专人陪伴照料。

3. 社会：充分发挥公共服务角色

除了老年个体及家庭需要为之付出努力，政府及社会也要重视日益严峻的老年心理健康问题，充分发挥公共服务功能。目前，我国的老年心理健康服务尚处于起步阶段，正在开展老年人心理关爱项目的试点和探索如何建立社区心理服务体系。

以社区为单位建设基层心理服务系统，应该加大财政支持力度，吸纳与培养社区心理工作者，提高社区心理医疗卫生服务的质量，在治疗与干预的同时，日常为社区老年群体进行知识宣讲和心理咨询，给予科学指引；建立健全社区心理服务的管理机制，将各项心理健康干预措施规范化、常规化。对于一些患有慢性病的老年人群，需要给予更多的心理方面的帮助。对于患病老人的家属，要尤为关怀。一些疾病，如阿尔兹海默症，到了后期，随着病情不断恶化，病人的极端行为会给亲属带来很大的心理负担和伤害。

例如，2019年4月，国家卫健委正式发布《关于实施老年人心理关爱项目的通知》。该项目于2019年和2020年在全国1600个社区、320个村庄开展试点，旨在通过宣传教育和专业指导，提升老年群体心理保健与心理调适的能力，进而提升城乡老年心理健康素质。基层医疗卫生组织和社会团体的基层工作者，经由各级政府培训，将提升业务素质，具备发现与干预老年患者早期心理问题的能力。

目前，我国尚未形成架构完整、有效运行的心理健康服务体系，尚未统一设立社区心理健康服务中心。英国的社区心理健康服务事业起步较早，平均2万~6万人口便拥有一支6~12人的社区心理健康服务队伍，由社会工作者、专业治疗师、精神科医师等专业人士以及其他辅助人员组成，具备评估、应对与治疗复杂心理问题的能力。未来，可在结合中国基层社区实际情况的基础上,借鉴发达国家经验:以社区为单位建设基层心理服务系统;吸纳与培养社区心理工作者,提高社区心理医疗卫生服务的质量;在治疗与干预的同时,日常为社区老年群体进行知识宣讲和心理咨询,给予科学指引;建立健全社区心理服务的管理机制,将各项心理健康干预措施规范化、常规化。

(三) 社会支持层面

1. 老年人群:适应转变,融入社会

进入老年期后,老年人的社会支持网络的广度和深度在发生着变化,面临着身份再适应的挑战。美国心理学家罗伯特·哈维格斯特将人生划分为六个阶段,其中老年阶段所要面对的是生理健康与认知素质的衰退、脱离工作岗位、收入及社会地位下降、亲友离世及子女离家、以全新身份融入社会、与其他老人建立趣缘关系等。大多数人要适应这些变化是很困难的,因此需要主动寻求外部支持力量的介入。老年人在重视家庭生活、维护邻里关系的同时,也要尝试积极和社会产生连接,一些拥有共同兴趣爱好或者生活经历结成的社团和组织是极佳的社交平台。在快乐而有益、广泛而密切的社会交往中,老年人彼此扶持、互相慰藉,宝贵的友情对于老年群体适应角色转变、应对生活挑战多有裨益。值得指出的是,社会连接的能力不是成为老人之后才去习得的,这是大多数人一生的功课。

2. 家庭:物质保障,精神家园

家庭是老年人最主要的活动场域,也是重要的物质后盾和精神归宿。家庭关系和睦与否,配偶与晚辈是否给予充分的关注与爱护,乃至家人的生活与精神状态,都影响着老年人的社会支持水平和身心健康状况。随着家庭结构的小型化和人口的流动,现代子女不但可以为老年人的生活提供足够的物质保障,还可以根据自己的情况探望老人,与老人多沟通，关注老年人的精神需求。老年人家庭尤其是空巢老人家庭可以主动构建除子女外涵盖更多成员的非正式支持网络，如在一些城市兴起的一起居住"共同养老"的尝试。因为在老人家庭中，能为彼此日常生活提供照料的，更多的是相伴到老的配偶，或者年龄相仿、居住较近的亲戚朋友。

3. 社会：老有所养，情感关怀

老年群体社会支持网络的构建，不能仅仅依靠个人与家庭的努力，还需要政府、社区、医疗机构等与全社会形成合力，从经济、生活和精神领域为老年群体提供特殊支持，具体举措包括完善养老保障制度、开辟老年健康绿色通道和强化社区的情感联系。

（1）经济支持：完善养老保障制度。

建立完善的养老保障制度，制定更多的社会福利政策惠及老人，特别是针对特殊的老年群体，如高龄老人、空巢老人、贫困老人、失能老人和残障老人等，政府要着重关注其经济与生活困境，针对性地制定社会保障政策。同时在政策运行方面，也要加强监督管理，使真正的实惠能够惠及有需要的老人。在监督管理方面要坚持政府机关和群众监督相结合，使好的政策能够真正意义上落实。

（2）生活支持：老年健康绿色通道。

目前居家养老与社区养老相结合的医养模式被大力推行，因其具有显而易见的优势与意义，能够在保持老年居住环境和生活质量的同时，更好地利用有限的医疗资源提供高效便捷的医疗服务。老年人自身生活能力的下降，子女时间与金钱的有限以及医疗资源的供不应求都不利于保障老年人的健康状况。而优质的社区医疗服务可以缓解这一问题，尤其是对于慢性病患者，较长的病程使其需要长期频繁地往返于医院，如果置之不理则可能演变成急症重症，如能在社区或者家中接受治疗或用药建议，将有力地保障其健康状况、及时化解疾病恶化的风险。

同时，可以为老年人群建立从基层医疗卫生机构到医院的绿色转诊通道，为其提供特殊的关注与服务，规避因无人照料而引发的医疗事故或意外伤害。医院也可筹备组建具备专业知识以及责任心、同理心的老年专业护理队伍，在给予老年护理服务的同时提升应对突发事件的能力。此外，要打通社区卫生服务站和医疗机构的信息共享渠道，通过智慧医疗提高医护人员的诊疗效率和效果，助益慢性病的防治。

（3）精神支持：强化社区的情感联系。

由社区居委会为主导，以老人的切身需求为导向，在社区补助的基础上，吸纳老年人群及其子女居民的善款或捐赠作为活动经费和物质保障，健全社会救济体系和老年心理服务机制，为社区内老年群体提供心理疏导、精神支持，通过家庭、朋友、邻居、社区为老人提供全方位、多层次的社会支持。社区可以鼓励老年人发挥余热，积极融入社区管理工作和日常事务中，自主开展各种文体活动、志愿者活动及宣传教育项目。

三、互联网和人工智能时代的老年健康管理

以互联网和物联网为载体，以人工智能为实现工具，"万物互联"技术与实践的兴起，深刻变革着经济形态、生活方式乃至社会资源的整体配置，颠覆传统产业的运作模式的同时也促进着跨界融合，这些变化都有望为健康老龄化带来模式与应用方面的创新。

AI 技术将通过对接联动信息、设备、技术与人员，革新老年健康管理体系，成为新常态下的健康养老服务工具，从而解决医护人员短缺、医疗设备不足、服务效率较低的痛点，并且可为老年健康自我管理赋能。工信部、国家卫计委及民政部三部委联合印发的《智慧健康养老产业发展行动计划（2017～2020 年）》，提出运用物联网信息技术促进健康养老服务迭代升级的战略构想，将医疗机构及养老服务资源整合统筹。在行动计划的指导下，智慧健康养老应用于多地开展试点，致力于打造"智能硬件系统 + 信息网络平台 + 居家健康服务"的新型健康养老生态。

在"互联网+医养结合"的生态闭环中，硬件系统作为信息的收集源头和传播媒介至关重要。由远程医疗监测设备（智能手环、网络摄像头）和医疗仪器（远程血压计、远程血糖仪和远程心电监护）等构成的硬件系统，可增强医患间的链接，为确诊与治疗提供更多可供参考的决策信息，同时提高医疗服务的个性化与及时性。同时，硬件系统可以帮助家庭、社区、养老机构实现与医疗机构等健康管理信息平台互联互通，通过热线电话、医院官网、手机应用等线上渠道，便能方便快捷地实现预约挂号、在线查询健康信息档案、医疗咨询、远程会诊、远程健康调查与健康评估、在线购买药物、医疗健康知识普及、疾病干预与康复保健指导等操作。

医疗机构可以与养老机构、社区和家庭共同搭建健康养老服务体系。后者可负责连续即时的生命体征监测（血压、心电图等）和急症预警，且社区和养老机构应当具备基础的居家健康服务能力，能为患者提供简单医疗、日常照料和健康提醒，并具备应对突发意外的能力。医疗机构可以通过转诊制度随时介入，痊愈后信息平台的调度可帮助老年人及时回归家庭与社区。该机制将使所有主体受益，对于老年患者及其家庭，该体系实现了远程或就近的医疗咨询及购药治疗，节约了时间与金钱；对于医疗机构，通过分级诊疗，其能够运用有限的医疗资源为更紧急的患者服务。目前硬件加信息网络平台的智能模式，可以实现以下几方面的功能。

（一）心理陪伴

随着 AI 技术的飞速发展，针对老年人设计的陪护机器人功能日益丰富，朗读、播放影音等基础功能之外，已可以实现远程视频通讯及较为仿真的互动聊天。对于生活孤独的老年群体而言，能够为其生活增添乐趣，提供心理慰藉。目前，陪伴机器人能够对人的基本情绪进行简单判断，并相应作出反馈。例如，如果它通过面部表情或语言及语气识别出一个人处于悲伤、消沉的状态，可能会播放歌曲或讲述笑话帮助个体振作起来。此外，陪护机器人的外形也日趋多样：人形、卡通人物形、兽宠形等样式不断涌现。仿真技术的进步，使陪护机器人的外形制作愈加仿真，能够为老年人带来更具真实感的陪伴体验。今后，陪护机器人的功能及外形将向个性化定制的方向演变。

（二）心理健康监测

研究发现，AI技术可以帮助心理疾病的初步筛查、诊断甚至干预。来自世界福利项目（WWBP）的科研人员发现，可以通过深度学习算法分析个人在社交媒体上的痕迹，发现暗示潜在抑郁症的文字线索。除了文字，通过识别面部表情、对话及语调语气等沟通要素，也可以帮助评估个体的抑郁症情况及自杀风险。尽管无法完全替代人类心理医生，但AI可以帮助和支持心理健康医生更好地开展工作。AI算法分析数据的速度远高于人类，并且可以实现24小时响应，它可以为医生提供治疗建议、提醒注意事项以及追踪个例的进展。这将为行动不便或者居住在偏远地区的老年人提供较大便利。

（三）安保支持

配置远程摄像探头的机器人可以全景检测老年人的行动，一旦捕捉到老年人发生意外事故或突发疾病即触发预警机制，将老年人所处的位置和情况汇报给家庭联络人及指定的护理人员或医疗机构，以确保老年人能及时获得帮助与治疗。此外，运用红外夜视技术，机器人足以胜任夜晚环境、障碍遮蔽环境中的作业。除了紧急情况预警，机器人可收集、分析异常的声音、人员、物品并进行上报，还可以设置与执行访客黑名单，一旦发现不受欢迎的、危险的、可疑的人员，将及时联络安保中心和家庭成员。

（四）家务支持

博思数据发布的《2016~2022年中国养老机器人市场分析与投资前景研究报告》显示，2014年，家务机器人占据了养老机器人60%以上的市场份额。目前，各类智能家务产品已能够初步实现整理物品、清扫地面、折叠衣物甚至烹饪简单饮食的功能。但市面上部分新兴智能家务产品在适老性方面仍有待改进，许多产品尽管功能强大，但复杂的操作流程和丰富的操作界面可能给老年人带来困扰。相比而言，起步早、发展成熟的家务机器人，在操作的便捷性和运行的稳定性上则表现较好，如目前市面上主流的扫地机器人均已实现了一键起航、自动回冲的功能，大大减轻了老年人清扫地面和使用机器的负担。同时，科技公司正着力于研发新的家务技能，实现多机能的融合，以及提高自动化程度，未来机器有望更加全面、熟练、高效地帮助老年人进行家务料理。

（五）出行支持

随着人工智能和传感器技术的发展，智能出行辅助机器人日益成熟。智能辅助出行机器人能够引领老人安全行走，为视力障碍的老年人语音提示路况信息及行动事项，可智能调节速度，并自动切换手扶和乘坐模式，以免老人外出活动体力不支。目前的技术不仅可以在普通路况下适用，也可以实现攀爬楼梯、搬运重物和一定程度的越野，既可以切换为驾驶模式载着老年人在不同的场景中移动，也可以依托传感器跟随老人的行动轨迹为其提供提示和携带物品。未来，随着AI技术的发展和机械设计的改进，机器人或可单独完成外出购物的作业，驮载或引导老年人进行登山、郊游等远程的、复杂的活动。

四、"医养结合"的创新实践

"医养结合"是依托基本养老服务（生活料理、情感慰藉）的同时，结合身体检查、疾病诊疗、康复保健、临终关怀等医疗服务的健康养老新模式。"医养结合"突破了基本养老生活服务与医疗卫生服务各自运行的传统格局，重新定义与整合了两大类别中的各项服务。"医养结合"是实现"健康老龄化"的重要途径，医疗和保健服务有助于实现身心健康，而赡养和照护则提供了有力的社会支持。

2015年9月，世卫组织发布《关于老龄化与健康的全球报告》，倡导建立促进健康老龄化的公共医疗体系，并突出了贯穿全生命周期的医疗健康服务的重要地位。同年11月，九部委联合发布《关于推进医疗卫生与养老服务相结合的指导意见》，对医疗与养老服务的融合发展进行了全面部署，以解决老年群体差异化的健康养老问题，这表明我国"医养结合"的政策与实践迈入新阶段。"医养结合"模式及其应用，有助于实现健康老龄化的总目标。

（一）"医养结合"内涵与现实必要性

"医养结合"模式涵盖五个构成要素：（1）服务的供给方，主要为社区卫生及养老服务中心、其他养老机构及各级医疗机构等；（2）服务的需求方，包括能力较为完好的健康老年人及依赖中长期医疗卫生服务的衰退、失能及半失能老年人（慢性疾病、残障、重症、临终等）；（3）服务项目，涵盖日常生活照料和预防保健、治疗康复、护理及临终关怀等专业医疗服务；（4）服务组合形式，主要分为"整合照料"（由一个融合了养老与医疗服务的组织提供全程服务）、"联合运行"（由一家或多家养老机构与医疗机构联动，实现服务内容的互补）及"支撑辐射"（将区域内的养老机构与医疗机构资源高度整合，为区域内的全体居家养老人群提供服务）三类；（5）配套机制，包括准入机制、行业标准、政策优惠、外部监管等。

普及"医养结合"创新健康养老模式的现实驱动力主要来自三个方面：持续增长的老年人群对于养老及医疗资源的旺盛需求与不平衡不充足的资源供给的矛盾；现有养老机构的医疗服务水平较低，与医疗机构的对接障碍重重；养老及医疗机构服务对象的错配。

1. 驱动力一：老年群体的迫切需求

截至2018年末，我国65岁及以上老年人口数近2.5亿，所占比例为17.9%，规模庞大。而根据2010年第六次人口普查的数据，中国家庭的平均人口数已从3.44人下降至3.1人，扩大型家庭进一步向核心家庭转化，这侧面表明越来越多的老年人和子女分离居住甚至异地居住，他们只能依靠自身或其他外部力量来满足日常照料的需求。在整体老年人口数量快速增长的同时，高龄、失能和患慢性病的老年人口数量日益庞大。超过1.8亿的老年人患有慢性疾病，其中75%患有一种及以上的慢性疾病。2018年，我国的平均预期寿命已达到77岁，但平均健康预期寿命远远低于这一年龄，仅为68.7岁，老年失能发生率高达18.3%，从这个角度看，照护及医疗问题已经高度重合，急需整合和对接。

2. 驱动力二：养老机构的医疗服务欠缺

大部分养老机构的主要服务项目为日常生活照护，设有简易医务室的不足60%，设有康复保健中心的不足20%，"医养分离"是目前的常态。在大部分养老机构中，不管病情严重与否，老年人都要去专业医疗机构问诊和接受治疗，一些患有慢性病、病程长和有康健需求的老人更是频繁往返于养老机构与医疗机构之间，身心俱疲。而在提供基本医疗服务的养老机构中，接受过职业护理或医疗培训并获得相关资质的员工不足1/3，给医疗服务的质量造成隐患。现有养老机构的医疗服务水平，无法充分满足老年群体的医疗需求。

3. 驱动力三：服务覆盖人群的错配

传统养老机构，或是由于医疗水平有限、缺少专业人才与设施的限制，或是出于控制人力成本、规避经营风险的目的，往往将需求最迫切的半失能、失能老人"拒之门外"，优先接收能够自理、相对健康的老年人。而那些具有长期康复保健需求的或是患有重疾的半失能、失能老年人，只能求助于综合型医疗机构，并且为了及时接受专业人士的护理与医疗服务，只能选择长期居住在医院中，而这可能导致病情更紧急的老年人由于缺少床位无法入住，不利于医疗资源的优化配置。

（二）主流模式与代表机构

目前，国内主流的"医养结合"服务模式主要有三类，且在各个类别均已出现创新性的实践和代表性的机构。

1. 整合照料

整合照料，即由一个融合了养老与医疗服务的组织提供全程服务，服务主体可能是具有医疗服务的养老机构或者具有养老功能的医疗机构。前者的典型案例包括青岛福山老年公寓、长沙市第一福利院、北京太阳城老年社区等，其拥有专业的医疗护理团队及设施，相较于传统养老机构，更能满足老年人对保健康复、医疗卫生及精神慰藉的多样需求，在养老市场中具有差异化的竞争优势。后者的典型案例包括有河北医科大学第二医院、重庆青杠老年护养中心、长沙市精神病院等，这些医疗结构设有专门的老年病床及康复保健科，提供日间照料服务，减轻了老年人往返于医院和家的奔波辛苦和家庭的护理压力，同时有利于医疗资源的合理调配，减少急症重症老年病人因床位不足而耽误治疗的情况。

值得指出的是，具备完善的医疗功能的养老机构在具备竞争优势的同时，相较于其他养老机构收费较高，不利于实现养老服务的公平普惠；一些较为小型或平价的该类机构，则在医护人员的业务素养和数量上有所逊色。提供养老服务的医疗机构在实践中也面临困境，三级甲等医院就诊人数多，经济效益高，床位紧张，开设养老床位的难度大、激励不足，而基层医院的专业人才和设施匮乏，同时民众对其缺乏信任基础，实践中也有所局限。

2. 联合运行

联合运行，即由一家或多家养老机构与医疗机构联动，实现服务内容的互补。该模式的代表性机构有北京第一社会福利院、郑州市第九人民医院、北京颐和之家敬老院等。自 2013 年起，北京第一社会福利院便与宣武医院达成合作意向，进行远程医疗试点，宣武医院作为对口的老年医疗机构，为福利院的老人提供挂号、咨询、会诊等服务，并共同搭建急症转诊的快速转诊机制。"联合运行"的模式充分调动与整合了既有的养老和医疗资源，节约建设与运营成本；而且还可以有效提高医疗服务的质量与覆盖人群。医疗机构可为老人定期体检、进行健康评估，从而建立个人医疗信息档案，为老年人提供差异化的康健指导和诊疗方案；定期派遣专家团队前往养老机构坐诊，开辟转诊绿色通道，增强老年人就医的便利性。

然而，联合运行的模式在降低养老机构的人员、设施的压力的同时，加大了医疗机构的压力，尤其是医护人员的工作负担，如果激励措施不到位的话，执行起来比较困难。此外，由于该模式多采取"强强联合"的合作方式，大型高端养老机构往往占据了综合性医院的优质资源，而其他小型机构只能与更基层的医院合作，从而造成资源的垄断与承载能力的分化。

3. 支撑辐射

支撑辐射的覆盖人群主要是社区养老、居家养老群体，这种模式将社区的医疗卫生服务、养老服务与医疗机构进行更高程度的整合，为所处区域内的社区养老、居家养老群体提供医疗服务，或由政府主导，或由社会主办。长沙市天心区的探索是政府主导的代表，其依托天心区人民医院的医疗资源，搭建了集生活照料、康复保健、医疗护理及临终关怀为一体的老年人关爱中心，将居家生活护理与专业医疗服务高度整合。普亲养老服务中心是社会主办的一个案例，其以高龄、失能、残障老人为主要服务人群，在长沙、海口等多地开设养老服务站、家庭微型养老院和社区养护中心，通过商业运作将二级医院的医疗资源作为老年医疗、康健的支点，以社区为枢纽，辐射到所在社区的老年群体。

该模式针对性解决居家养老人群的医疗需求，盘活闲置的社区资源并精准匹配，但可能存在各个机构之间功能重合、重复建设的问题，并且仍是彼此独立的状态，不利于形成协同合作的整体系统。特别地，社会力量参与公共卫生服务，由于缺少细化的行业规范与医疗保险报销准则，可能存在市场恶性竞争的隐患。

(三) 共性问题与发展战略

1. 制约不同模式发展的共性问题

（1）跨部门监管难度大。

我国民政部颁布的《社会福利机构管理暂行办法》规定，民政部是养老服务机构的主管部门。然而，"医养结合"模式中的主体承担了多项职能，涉及众多领域，在实际运作中，需要受民政部门、卫生部门、公安消防部门及工商部门的多重监管，例如医养结合需要卫生部门审批是否准入医疗行业和能够获得医疗资质。随着越来越多的社会力量的加入，医养结合服务机构的跨部门监管现状容易导致职能分散或者重叠，建设用地、税收等优惠政策难以落地，监管难度和机构合规成本亦随之增大。

（2）制度规范不健全。

目前，医养结合在我国仍处于探索阶段，相关制度规范还有所欠缺，亟待建章立制。需要进一步完善医养结合工作的规范标准，完善具体的行业准入、转诊制度、合作范式、质量评估乃至医保报销等关键环节的相关政策，否则不仅可能导致市场恶性竞争，还会抑制市场主体的创新积极性。其中，医保报销方面的问题较为突出，由于医保限额和住院时间的限制，康复期较长的老年人不得不多次转院，容易造成过度治疗或延误治疗。而北京市提供医疗服务的逾100家养老机构中80%不在医保范围内，老年患者尽管可以在这些机构得到治疗，却会遇到报销难题。

（3）缺乏专业护理队伍。

在实行"医养结合"的养老机构中，老年护理人员的需求缺口很大。护理人员的劳动强度大、工作时间长、薪资福利低。对于具有专业知识与资质的人才，欠缺吸引力。而且，在养老机构中就职的护理人员在评定职称时，不能与在医疗机构执业的护理人员得到平等机会。因此，养老机构多缺乏专业护理队伍，只能胜任日常照料的工作，在慢性疾病防治、健康知识科普和辅助康复等方面能力不足。

（4）收费偏高难以普惠。

实行"医养结合"的健康养老机构，收治了传统养老机构不愿收治的高龄、失能、残障老年群体，提供着更为高水准和专业化的医疗服务，随之而来的是更高的运营成本和收费。而由于缺乏医疗保险覆盖，老年人的医疗支出大多只能自费，尽管曾有部分机构（如山东济南第一老年公寓）进行过相应试点，但最终由于难以规避套用医保资金的现象而取消。享受"医养结合"养老体验的费用，对于中低收入和普通收入家庭而言，仍是一笔沉重的经济负担，实现养老及医疗服务的普惠发展仍有很长的路要走。

2. "医养结合"的未来发展战略

为推进"医养结合"的创新实践，需要做好以下几方面基础性工作。
（1）建章立制。

"医养结合"实践的障碍和窘境，很多来自缺乏配套的制度规范。针对此问题：首先，应明确权责划分，协调好各部门的职责与利益，特别是民政部门与卫生部门的分工配合。其次，要健全鼓励社会力量的准入标准和优惠政策，使市场有序高效发挥作用。此外，对于老年人和机构共同关注的医保报销问题，应当进一步深化改革，实现"医疗费用"与"护理费用"的科学分割，简化报销手续，减轻患者经济负担，减少"押床"现象（病情已无需留院治疗但长期占据床位），最大限度地盘活养老资源与医疗资源。

（2）整合资源。

"医养结合"的实现，需要各个层次的养老资源与医疗资源的参与配合。一是促进现有医疗机构与养老机构资源与功能的整合；二是充分鼓励与挖掘社会资源与民间力量，如放宽社会资本的准入，培育具备专业知识的志愿者团队等；三是要打通社区养老服务信息平台与医疗健康信息平台，通过信息共享更好地为高效配置资源创造便利。在具体举措上，2018年国家卫健委印发的《关于促进护理服务业改革与发展的指导意见》指出，国家鼓励养老组织与医疗组织就近规划与协作，局部的一二级医院和专科医院可转型为老年医疗照护机构和康复保健中心，同时加强养老组织的医疗资源配置。

（3）人才培养。

专业老年护养队伍的建设，是"医养结合"系统有效运作的重要支撑。"医养结合"机构的从业人员不仅应当具备专业素养，也要掌握一定的综合知识，如社区养老服务人员要具备一些养生保健、健康管理的知识，医疗组织的护工应当对老年学有所了解。为了尽可能多地培养与储备综合性专业人才，应当结合老年群体的多元需求设置新的岗位及从业标准，为从业者提供所需的基础知识技能培训。2019年12月，国家卫健委和国家中医药管理局组织制定了《老年护理专业护士培训大纲（试行）》和《老年护理实践指南（试行）》，明确老年护理专业护士需经培训上岗，培训内容主要为老年护理基本理论、安宁疗护、常见老年综合征等常用护理及康复知识。此外，要切实提高养老行业从业者的待遇，拓宽职业发展路径，出台政策鼓励其向基层社区流动。

第四章

老年消费与老龄产业

丰富充实的生活是实现老有所获的基石。随着老年群体的不断壮大和老年人消费心理的转变，老年消费市场日益繁荣，品质消费、健康消费、精神文化消费等渐成潮流。同时，随着年轻市场的饱和，老年人市场越来越得到企业的重视。老年消费市场的欣欣向荣为我国老龄产业的成长提供了良好条件，老龄产业将成为老龄社会的战略经济部门和强势拉动经济增长的驱动产业。但当下，我国老龄产业仍有着供给不足、结构失衡、供需不匹配等阻碍因素，需要结合发达国家的政策与实践，集合我国老龄产业的现状及趋势，进一步完善顶层设计、调整产业战略、把握市场需求，同时加强产品设计和高新科技的应用。

一、老年消费的现状与特点

（一）我国老年消费的现状

在人们的刻板印象中，老年人崇尚节俭、量入为出，买东西喜欢精打细算、货比三家。相比于购物消费，他们更倾向于将钱用于储蓄或是投资风险较低的国债和银行理财产品。然而,随着"50后""60后""70后"逐渐步入老年,新老年群体低消费、高储蓄的理财特点正在悄然改变,呈现出消费意愿高、心态年轻化的新特点,成为消费市场中不容忽视的重要力量。据中国老龄协会发布的《需求侧视角下老年人消费及需求意愿研究报告》估算,2020年老龄消费市场总值将扩大至3.79万亿元。

随着人口寿命的延长和经济社会的发展,身处61~76岁的"新老年"群体正在崛起,尽管在年龄上已经进入老年,但在生理和心理上他们都区别于传统认知中的老年群体。新老年拥有更多的财富积累和可支配收入,保持着旺盛的精力与好奇心,退而不休,打破了人们对于老年群体的刻板标签。他们崇尚自由、追求舒适,对于时尚潮流极为敏感,乐于接受新事物和新科技。另外,消费市场的繁荣和消费能力的增强,也刺激了老年群体的消费欲望,也为其创造了丰富多元的选择空间。值得注意的是,再过十年,"70后"人群将步入老年,他们一直被认为是消费主义簇拥者的第一代。对他们而言,消费是深入骨髓的生活方式。他们的老去,也许意味着一个全新的老年消费时代的到来。

对于目前的新老年而言,已经从以最基本的衣食住行为主的生存型消费,向健康、美食、社交、娱乐、旅游、健身等基于自我实现需求的享受型消费过渡。越来越多的老年人愿意为更高品质的产品和服务付费,为提升自己的生活质量买单,为兴趣爱好和自我成长投资,这标志着中国老年消费正在进入品质消费的新时代。他们的影响力正蔓延至各个消费领域,他们的崛起冲击了过时的刻板印象和既有的市场格局。

随着生活质量和医疗水平的提升,中国人的平均预期寿命逐渐攀升,这意味着老年人的乐龄时间持续延长。与此同时,老年期的机能退化无可避免,器官病变更易发生,这使得老年人群呈现出以慢性疾病和退行性疾病为主的患病特征。数量众多且持续增长的老年慢性病群体,对于医疗健康药品、设备与服务具有巨大的需求和消费潜力。除了应对慢性疾病，对于约占全体老年人19%的失能和半失能老人而言，其对日常照护的需要更为急切，这给社会化老年护理产业的成长带来了机遇。

同时，老年群体对智能科技产品的热爱，也在不断升温。2018年苏宁易购发布的重阳"潮生活"消费报告显示，老年群体购买智能手机、智能手表等的热情已经超过45~60岁的中年群体。除了主要用于娱乐和社交的电子产品，逐渐衰退的生活能力和逐渐增强的健康管理意识，也使老年人更需要智能化设备的辅助，调查数据显示，老年人对陪护机器人、辅助出行机器人、智能健康手环等智能产品有较强的购买兴趣。

目前正在步入老年的"50后"和"60后"群体，是受计划生育政策影响的第一代父母，对子女有着很深厚的情感依赖。但在现实中，由于社会流动和新核心家庭的压力，子女陪伴的缺位成为普遍现象。孤独感和无助感成为老年生活的一部分，如果处理不当，将影响老年人的心理健康。国家卫健委2019年的调查表明，城市地区的老年心理健康率为30.3%，而农村地区的仅为26.8%，情况不容乐观。随着传统家庭赡养功能的逐渐弱化和社会期待的转变，老年人对社交、娱乐、陪伴、精神慰藉、自我提升等相关产品和服务的需求愈加强烈。例如关怀访视、心理咨询、音频视频、在线游戏、情感交流等产品也将迎来老年用户的爆发。

（二）老年消费行为及心理

心态的时尚化和个性化俨然成为未来老年群体的重要标签，但同样应该洞见，与其他年龄层次的消费群体相比，老年消费者的消费行为仍然具有自身的特点，并且在现代社会、商业环境中发生着转变。

1. 适度理智消费，追求舒适实用养生

相比较其他年龄层次的消费群体，老年消费决策往往更加稳健，往

往往是出于切身需要将实用与健康作为主要衡量指标。以食品消费为例：进入老年期后，人的健康素质和生理机能逐渐下降，成为各种慢性疾病的易患人群。因此，除了美味可口、方便食用、易被消化以外，老年人群会更看重食物的健康和营养。除食品外，老年群体的消费取向在其他领域也区别于其他年龄层次。对于服饰，除了是否符合审美品位之外，老年人更看重其是否宽松舒适、便于穿脱、轻便保暖。对于住宅，老年群体优先考虑住宅的位置是否和子女住宅距离近、社区服务是否齐全、安保措施和物业管理的品质以及绿化和人居环境。对于日常生活用品，老年人偏爱熟悉的品牌，也对新的高品质的事物保持开放的态度，将安全健康、使用方便作为首要准则。

2. 重视家人意见，社交性消费需求强

《2017中国老年消费习惯白皮书》的调查结果显示，51%的老年人认为子女的意见是其消费决策的重要影响因素。收入即经济地位，在一定程度上决定了家庭成员对于消费决策的话语权，而多数子女的收入高于离退休的老年群体。并且，许多新兴产品的科技含量很高、掌握并不轻松，超出老年消费者的经验范畴，商品的琳琅满目也对消费者的甄选能力提出挑战，很多老年人无法胜任或不想耗神。此外，43%的老人认为，亲朋好友的意见也对他们的购买决定产生重大影响，老年人在购物决策时喜欢听取亲友的意见，一起结伴消费。

3. 偏好线下体验与服务，注重便利可得

相比较线上购物或者电视购物，老年人更加重视店内的亲身体验以及服务的附加价值，因为看到实物后他们会更加放心，并且付款后无需等待马上可以得到需要的产品或服务，购物的流程也较简单方便。92%的老人认为亲身体验会对他们的消费决策影响很大。由于体力、精力随着年龄增长而下降，在购物地点上老年人更喜欢就近购物，购物过程中更看重能否提供方便、宜人的购物环境与贴心服务。

4. 网上购物、移动支付渐为潮流

根据2018年腾讯发布的《老年用户移动互联网报告》，我国老年网民数量已经达8028万，占老年人口总数的20%，即平均每5位老年人中就有1位接触过移动互联网。随着家庭的核心化与小型化，老年人对更密切的人际互动的渴求也愈加强烈，再加上智能设备的迅速普及，老年人群的社交媒体使用率不断增加。线上社交的欣欣向荣和移动支付的飞速普及，使老年消费者的消费形式发生着迭代，其甄选商品、支付钱款、享受服务、获取商品的方式更加数字化、智能化。

二、中国老龄产业基本框架

中国老年消费市场的日益扩大与繁荣为老龄产业的成长创造了有利环境。"老龄产业"又称"银发产业"或"银发经济"，是锚定老年公民设计、制造并销售产品及服务的各相关产业部门所构成的业态的总称。

自20世纪末老龄产业的概念正式在国内提出后，中国老龄产业发展已经走过20个年头。老龄产业的成长历程大致可分划为三个阶段：1999年以前，全国老龄工作委员会尚未成立，老龄产业的概念还没有大范围普及，但老年用品和老年服务的前景已得到认可；1999年底到2009年，中国在这一时期正式进入老龄化社会，全国老龄工作委员会也正式成立，老龄产业的概念开始普及，虽然人们仍然认为老龄产业主要包括老龄用品和服务，但老龄金融和养老地产等商业模式已初具雏形；2010年至今是第三阶段，2010年中国老龄产业协会挂牌成立，标志着中国老龄产业步入正轨，如图4-1所示，以老龄用品、老龄服务、老龄金融和老龄居住产业四大模块为主的业态格局逐渐形成。

第四章 老年消费与老龄产业

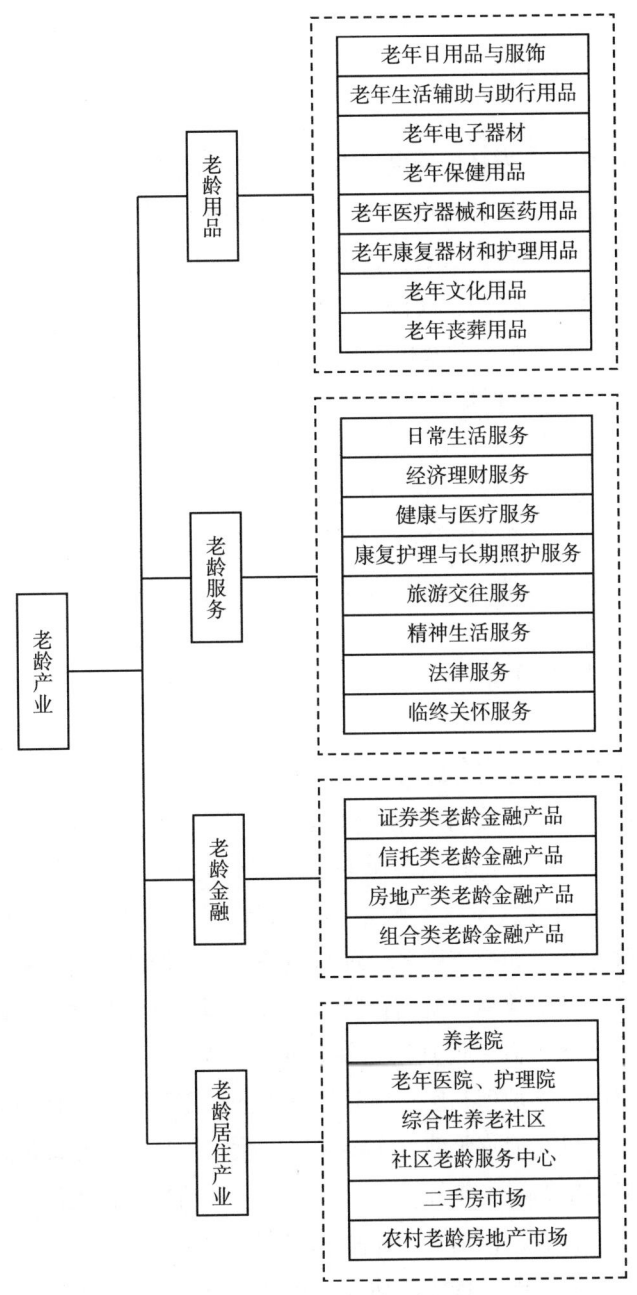

```
老龄产业
├── 老龄用品
│   ├── 老年日用品与服饰
│   ├── 老年生活辅助与助行用品
│   ├── 老年电子器材
│   ├── 老年保健用品
│   ├── 老年医疗器械和医药用品
│   ├── 老年康复器材和护理用品
│   ├── 老年文化用品
│   └── 老年丧葬用品
├── 老龄服务
│   ├── 日常生活服务
│   ├── 经济理财服务
│   ├── 健康与医疗服务
│   ├── 康复护理与长期照护服务
│   ├── 旅游交往服务
│   ├── 精神生活服务
│   ├── 法律服务
│   └── 临终关怀服务
├── 老龄金融
│   ├── 证券类老龄金融产品
│   ├── 信托类老龄金融产品
│   ├── 房地产类老龄金融产品
│   └── 组合类老龄金融产品
└── 老龄居住产业
    ├── 养老院
    ├── 老年医院、护理院
    ├── 综合性养老社区
    ├── 社区老龄服务中心
    ├── 二手房市场
    └── 农村老龄房地产市场
```

图4-1 中国老龄产业基本框架

（一）老龄用品

老龄用品就是为老年公民的需求而设计与制造的产品，特别地，要考虑由于衰老及其并发病变而部分或全部丧失生活能力的老年人群的需求。依据老年人群的需求细分，老龄用品分为日用品（如日常用品以及成年纸尿片等）、服饰、辅助生活器具（如助听器、远视镜、坐便椅等）、助行器材（如手动及电动轮椅）、电子器材（如手机、GPS定位装置、报警器等）、保健用品（如保健食品、保健饮品、按摩理疗仪、体育锻炼器材等）、医疗器械（如理疗床、按摩仪、关节活动仪、牵引矫正器等）、护理用品（如护理床具、护理载具、护理家具、护理用品等）、文化用品（如老年报刊、图书、电视节目、影音产品等）以及殡葬用品（如丧葬用地、祭祀用品等）。

（二）老龄服务

老龄服务，是针对性地迎合老年人群的差异化需要而提供的动态服务产品，因而不包括面向全体公民提供的一般性服务。从服务内容或项目的角度进行划分，可将老龄服务粗略划分为10个主要领域：日常生活类，如家务料理（烹饪、购物、清洁等）、住房维修、日常陪护等；经济理财服务类，如投资服务、理财服务、会计服务、信托服务等；健康服务类，如健身教练、疾病预防、健康干预、抗衰管理等；医疗服务类，如就医就诊、临床照护、疾病后期治疗指导、紧急救护等；康复护理类，这里的康复护理和医疗康复护理不同，不是基于治疗而是基于生命维持，即不具有治疗价值，主要指日常生活护理和康复保健；旅游交往类，如老年婚恋、老年社交、旅行游玩等；精神文化生活类，如心理咨询、老年教育、文体活动、陪伴照护等；法律服务类，如法律咨询、法律援助、纠纷调解、普法活动等；临终关怀类，如心理援助、舒缓治疗及殡葬祭祀服务等；长期照护服务类，指针对失能半失能老年人群的长期专业化、综合性服务，范畴从日常照护、康健理疗、情感支持延续到临终关怀。

（三）老龄金融

老龄金融是老龄产业中虚拟经济板块，老龄金融的内涵和外延都十分丰富，虽然有主要的类别，但并不局促于特定的产品，其范畴涵盖所有与应对老龄化相关的跨时间资源配置的行动。作为现代经济的一个复合概念，金融涵盖货币化和非货币化的产品。依据形态划分，老龄金融包括保险类、基金类、储蓄类、证券类、房产类和信托类六类主要产品。从配置财富资源、挖掘时间价值的角度而言，老龄金融是凸显老龄产业内在运作逻辑与意义的模块。老龄金融看到老年的动态性，并主张老年群体和全社会应当积极有为，在保障和满足现在老年群体的同时，及早为自己的老年阶段做好规划与筹备。除了金融创新，这部分产品的风险控制至关重要。

（四）老龄居住产业

依据市场需求的不同，老龄居住产业的市场格局可归纳为六大板块：①养老院；②老年医院和老年护理院；③综合性养老社区；④社区老龄服务中心，主要是指在社区建设的老年公寓、日间照料中心以及居家服务中心等基础设施，也包括现有住房、社区设施的适老性改造；⑤二手房市场，包括诸如老年人租房养老市场、大房换小房市场、新旧住房互换市场以及异地换房市场等市场形势；⑥农村老龄房地产市场，包括一大批新建老龄房地产项目、改扩建老龄房地产项目以及基础设施的建设项目。

三、中国老龄产业的发展局限与制约因素

老年消费市场的欣欣向荣为我国老龄产业的成长提供了良好条件，但当下，中国老龄产业的成长仍然面临供给不足、结构失衡、供需不匹配等问题。

（一）中国老龄产业的发展局限

1. 产业组织滞后，供给不足

产业发展的主体是产业中的组织。目前，服务老龄产业的组织培育工作大大滞后于日益增长的市场需求，抑制了产业的有效供给，行业内难以形成良性竞争的局面，制约了老龄产业的发展。

在老龄用品板块，除老年药品和保健品，生产厂商的体量、技术与品牌发育明显不足，相关的研发和产业孵化机构也很匮乏。从业者虽已察觉到行业未来的巨大潜力，但受宏观政策、投资环境及自身资源能力等诸多因素的限制，多在谨慎观望阶段。从老龄服务板块看，目前全国约有4.3万家养老院，但大多数由民政部门创办，民办老龄服务机构尚未成为老龄服务产业的市场主体。卫生部门主办的老年医院和老年护理院数量有限，大多属于公益机构而非产业组织，亟待改革转型；而民办机构大多数是未在工商登记注册的民营非企业单位，在发展上不具备贷款资格，利润分红存在制度障碍。在老龄金融板块，发展比较好的是保险机构。但由于税收政策、行业环境以及保险从业者的良莠不齐等局限，保险类老龄金融组织的发展也困难重重。金融业整体发展的滞后，导致在老龄金融组织培育上缺乏政策导向和相关部门的重视。

2. 产品和服务单一，结构失衡

老龄产业的各个模块普遍有着品类单调的问题，甚至在某些领域完全空缺，背后反映的实质问题是产业结构不健全。重老龄服务和房地产，轻老龄用品，淡漠老龄金融，是行业中的普遍现象。大多数企业忙于置地盖房，建设各种规格的养老院、休闲养生基地等，模式雷同，缺乏特色。在老龄服务方面，也存在着过度发展康复护理与长期照料，而轻视文化娱乐、精神关怀层面的老龄服务的现象。老龄用品市场的巨大潜力仍然有待发掘，除了民政部门扶持的部分康复辅具（主要面向残疾人的）外，其他老龄用品未被纳入优惠政策的范畴，也尚未形成完整的生产链和产品体系。至于发展老龄金融方面，在理念上还相对滞后，尚没有形成全面、科学的发展理念。

3. 市场调研与开发不足，供需不匹配

在目前仍较为粗放的老龄产业，许多投资与生产决策的形成，将老龄化的宏观趋势作为依据，却欠缺基础的市场调研和市场细分，从而导致了供需不匹配的矛盾。目前，学界和企业界讨论的热点是老龄服务的缺位，依据是全社会的高龄、失能、患病和空巢老人大幅增加，急需大量组织去补足市场空缺。但实际情况是目前如雨后春笋般出现的养老院同质化严重，大量闲置，空床率居高不下。形成这种情况的原因可能是受到观念、经济等原因的影响，老龄服务还没有形成大规模的有效需求，即便是失能老人或者患病老人，也往往因为传统观念和购买能力的问题而选择居家养老。

供需双方不仅在时间上有所错位，在空间上也存在着不均衡的现象。以北京为例，考虑到置地成本，80%以上的民营养老企业和95%的民间资本都汇集于交通不是很方便的京郊。但在需求端，老年人更倾向于就近入住市区养老机构，在老年人分布更为密集的市区，养老机构的床位十分紧俏，难以满足需求。这种时间和空间上的不合理，造成了老龄产业一方面供不应求，另一方面却大量闲置资源浪费的矛盾。

(二) 制约老龄产业发展的因素

我国的老龄产业仍属于发展初期,制约其成长的因素有很多方面,既有社会经济与人口状况等客观条件的限制,也有来自政府政策与相关企业的因素,并且受到老年群体和老龄产业自身特殊性的影响。

1. 超前于经济社会发展的老龄化社会

进入21世纪,中国人的生活水准、医疗水平和卫生状况极大提升,平均预期人寿显著增长,再加上计划生育政策的影响,老年人口的比例不断攀升。与此同时,由于老年人口在庞大的基数上逐年大幅增长,中国的老年人口总数已居世界首位。相对于发达国家,中国面临的挑战更加严峻和紧迫。社会还未真正开始为老龄社会进行规划和布局,企业尚未开发老年市场的巨大潜力,老龄产业的相对滞后已经和数量众多的老年人群的迫切需求产生巨大差距。

2. 宏观调控不到位,产业政策不健全

在老龄产业的培育阶段,政府应提供切实的政策支持与良好的营商环境,在规范市场准入和运作秩序的同时,积极培育市场主体,提供政策引导。但目前,政府在政策制定和宏观调控方面仍有所欠缺。一方面,老龄产业的发展存在着长期以来的体制性障碍,以老龄服务业为例,国家对老龄服务组织仍秉持福利性、非营利的性质界定,该类组织需按私营非企业的类别进行工商注册与申报,使许多提供老龄服务的企业受到政策掣肘,无法正常参与市场竞争。另一方面,相关法规尚未完善,《中华人民共和国老年人权益保障法》充当了老龄产业运作与成长的宏观依据与导向,但更为细化、可行的具体管理条例尚未出台,使许多部门无法可依,对市场的行为采取"等等看"的态度。此外,针对老龄产业的政策性支持还没有完全到位,在结构优化、资源配置等方面的扶持和引导不足。

3. 企业自身条件不适应老龄产业发展的要求

作为直接提供产品与服务的市场主体，企业自身的资源与能力的不足也限制了老龄产业的健康成长。首先是认识上的不足，对老龄产业盲目乐观，或者是一味持消极观望的态度，都会限制老龄产业的良性发展。其次，企业对于市场和老年消费群体的调研和开发不足，没有细分老年人需求层次、消费额度、购买偏好等方面的特点和内部差异，造成产品与服务的雷同，以及资源浪费。同时，涉及文化娱乐和精神享受的产品与服务没有得到很好的开发，互联网技术和高新科技的应用不足。除此之外，资金不足也是老龄企业的一大难题，老龄产业往往需要企业在初期投入巨大的资金成本，周期长、风险高，所以目前老龄产业的部分资金来源于政府财政。未来老龄产业需要吸纳具备战略视野、资本雄厚、长期导向的优秀企业家与投资人的参与。

4. 老年消费群体的特殊性

尽管老年人的购买力和消费水平在近几年得到了很大提升，但总体而言相对于其他成年群体，该群体人数在社会人口结构中的比例仍然较低。同时大部分老年人群的购物主张仍较为保守。他们对价格较为敏感，排斥超前消费，这在一定程度上降低了社会老龄市场的利润预期。老龄产业针对老年消费者的差异化需求进行设计、制造与运营，直接影响着老年人群的生活乃至生命质量，在追求最大化经济利润的同时，商业体还需要兼顾社会效益，承担高风险和回报周期长等局限，并且该产业受到政策的监管和限制较多，这些都可能会阻碍民间资本和民营企业的进入。

四、国外老龄产业的发展经验

我国在 1999 年前后才提出老龄产业的概念。在老龄化问题起步较早、程度较深的发达国家，老龄产业的历史长达数十年甚至百年以上，早已成为国民经济体系中的成熟部门。了解和学习发达国家老龄产业的政策与实践经验，有利于我们更好地推动老龄产业的发展。

（一）社区养老模式

20世纪50年代以后，由于机构养老的效率与服务质量饱受诟病，"社区照顾"的模式开始在英国兴起。社区照顾，既指老年人群可在社区内接受照顾服务，也指由其所在的社区为其提供照顾服务。这种模式的特点是将政府、社区、机构等组织提供的专业化服务与亲友、邻里、志愿者提供的一般性服务相结合，助力社区老年人群获得健康、无忧、丰富的晚年生活。英国于1990年正式颁布《社区照顾法》，并于1993年正式实施，引发法国、荷兰等国的效仿。如今，社区照顾已成为欧美福利国家的主导养老模式。

（二）护理保险制度

老年护理保险，诞生于20世纪70年代的美国，之后推广到日本、德国、奥地利等国家。一般的养老保险，基本仅能覆盖到经济与医疗方面的保障，无法应对老年人群中多发的生活失能问题。老年护理保险恰是对这方面的有效补充。如投保的老年人因衰老、患病或伤残等原因丧失自理能力，被迫接受长期家庭照护或入住老年护理中心，则保险公司赔付其所需护理服务的部分或全部费用，或者直接与机构合作为其提供服务，因此也被称为长期护理保险。根据是否自愿投保进行划分，护理保险包括强制投保的社会保险制和自愿投保的商业保险制，前者以日本最为典型，40岁以上的人群尽数参保；后者以美国为代表，目前已有60余万老年人自愿参保，约占美国人寿保险销售总额的30%。

（三） 老年房产市场

老年房产市场不同于其他房产市场，不仅需要考虑房产本身的价值，还要考虑其附加价值。宜居的生活环境意味着完善的社会支持。20世纪下半叶以来，老年安居问题开始被一些提前进入老龄化的国家政府提上日程。以自有房产为主、老年公寓为辅是各国普遍采取的老年安居策略：对于子女具有赡养、陪护能力或者配偶健在、能够自理的老年人群，倡导居家养老、上门服务；对于少数高龄失能、无人照料的老年人群，则可自费或公费入住针对老年人特殊需求设计的老年公寓，接受专业的陪护服务。

（四） 老年教育产业

自1973年首座老年大学于法国成立，老年教育在发达国家蓬勃发展。根据出发点划分，老年教育可分为三类：继续型教育，有终身发展需求的老年人群继续深造；补偿型教育，因客观原因未能如愿接受理想的教育的老年人群在晚年圆梦；兴趣型教育，退休后的老年人拥有大量闲暇时间发展兴趣爱好，挖掘自身潜能，寻找生活情趣。依据经费来源的不同，老年教育也可划分为三种模式：一是国家投资，由政府财政提供资金支持，典型国家有法国、德国、瑞典、日本等；二是社区辐射，依托社区大学和其他教育机构开展老年教育，向周边地区辐射，这种模式在北美十分普遍；三是老年自治，即由老年人群自组织、自管理，与大学合作或结成学习小组，老年人间互相传授知识、技能，代表国家为英国。

（五） 老年用品开发

一些老龄化开始较早的国家的老年用品市场已相当成熟与丰富，从事老年用品制造与销售的企业不仅注重产品一般意义上的性价比，还十分关注老年消费者的差异化需求，如舒适、实用、养生等，由此诞生了许多兼具人文关怀和市场效益的优秀产品。例如，针对许多老年人既有近视眼又有老花眼的问题，美国一家视觉公司研发出一款老年电子眼镜，可以根据视觉落点的远近自动变焦。韩国一家通信公司专门为高龄和阿尔兹海默症老人设计了一款高精度的定位手机，家人可借助卫星定位系统实时查看老人的位置，误差不超过10米。日本市场上流行一种"减皱镜子"，可以减少镜中人像的皱纹，使其看上去比真人更加年轻。瑞士专家研制了一款小巧的血压戒指，能随着手指温度的变化而呈现出不同颜色，方便老年高血压患者监测自己的体温变化。这些产品，完美地切合了老年消费者的差异化需求，激活了潜在的消费欲望，并且有利于提高老年人群的生活质量。

（六）政策制定和制度建设

设立主管老龄产业的部门，制定针对性的发展战略，完善相应的制度建设，对于老龄产业的发展而言至关重要。以日本为例，自20世纪80年代开始，其关于老龄产业的政策体系和管理架构日臻完善：1986年，日本厚生省组建"银发产业振兴室"；1989年，日本发布"老年保健福利推进十年战略"，并于1994年再次修订升级为"新老年保健福利推进十年战略（新黄金计划）"，着力推进居家护理、居家康健与上门医疗事业的进步；1997年，日本出台《护理保险法》，强制超过40岁的人群必须参与老年护理保险计划，定期缴纳保费，当被保险者需要居家护理或入住护理机构时，则可获得所需费用90%的赔付款。发展战略的出台以及制度建设的完善，日本的老年护理事业在短时间得到快速发展，满足了老龄化现实的迫切需求。

五、中国老龄产业的发展方向

针对中国老年消费市场的现状、老龄产业存在的问题，借鉴国外经验，结合未来老龄产业的演进趋势，可以把以下几个方向作为开发老龄产业的战略着眼点。

（一）完善产业政策，培育产业组织

健全、可行的产业政策是产业发展的航标。目前，老龄产业政策的制定者应优先聚焦老龄用品和老龄服务两大直接关系老年消费者生活质量的模块，着力解决土地、资金、人才等基础生产要素的高效配置问题。此外，政策制定还应考虑老龄产业投资环境欠佳、成长动能不足的问题，统筹出台减免税收、政府出资、社保入市等财政政策，推进纳入城镇规划的行政政策，以及下调贷款利率、延长贷款年限的货币政策，以达到吸纳优秀社会资本、创造良好营商环境的目的。为方便从宏观把握产业现状与趋势，同时方便企业选择市场切入点、把握行业动向，还应尽快健全老龄产业的产品与服务名录及监管标准，制定与收集相关统计指标编纂成册。

产业发展在根本上要靠产业组织。对于产业中不同板块组织的培育应有不同的侧重点：在老龄金融板块，可引导现存金融企业与平台拓展业务或转型，同时鼓励新办老龄金融企业，考虑适度放开外资准入；在老龄用品板块，可通过加工采购、财政优惠等方式引导传统制造企业从产业链下游向上游移动，并着力帮扶掌握高新科技、具备自主品牌的老龄用品创业企业；对于老龄服务和老龄房地产板块，应当鼓励组织的融合发展，推进公私营医疗机构与养老机构的改革与合作，从而培育出一批医养结合的机构，同时规范配套政策以减轻社会资本和新创企业的顾虑与风险。除了个性化的措施，共性的解决方案是在宏观层面进一步为

社会资本的进入扫清障碍,在健全、可行的制度规范下让市场竞争机制充分发挥资源配置作用。

(二) 追踪老年群体特殊需求,实现供需匹配

在一个比较成熟的消费者市场里,市场的特征及其变化是由消费者特征及其变动决定的,消费群体的心理与行动的变化直接左右着市场的发展方向。阻碍我国老龄产业发展的一个重要问题是需求端和供给端的错配。与短缺不同,错配意味着在需求没有被充分满足的同时,造成了巨大的资源浪费。企业必须认识到老年群体不同于其他年龄层次消费者的独特需求和偏好,更要认识到即使在老年群体内部,由于年龄、性别、地域、收入等因素的差异也存在着多层次、多元化的需求。

企业应当展开详尽的市场调研,进行市场细分,将老龄消费者划分为若干具有相似特征的较小群体,结合企业实际选取面向的消费群体,以其为依据制定与调整产品战略。比如在老龄服务行业,不能只聚焦于需要康复护理服务的高龄、患病或失能老人的需求,还需要注意到占比较高的能够自理的健康老人的需求,同时也不能只考虑宏观形势不分析微观市场,造成时间上超前建设、空间上分布不均的尴尬结果。

(三) 完善供给产业链,提供特色服务

广义的老龄产业,是涵盖整个生命阶段、为保障与提高生活与生命质量存在的综合性产业。可以说,老年公民的需求延伸到什么领域,哪里就属于老龄产业的范畴。因此,需要实现老龄产业链各环节的有效链接,构建从日常生活、健康管理、文化娱乐到理财投资的生态网络。老龄产业链的核心是老龄服务,主体和支柱是老龄用品、老龄地产和老龄金融,除此之外还涉及许多相关产业的整合。随着新需求的涌现和既有需要的延伸与迭代,将催生更加细分的垂直领域,并由支柱产业衍生出许多融合创新的分支,老龄产业的触手已涉足人工智能、信息技术、生

命科学、公共管理等多个学科及行业。

以位于产业链核心环节的老龄服务为例,老龄产业各部门需要加强特色,打造差异化竞争优势。日常护理和医疗照护是老龄服务的"重头戏",但远远不止于此,老年教育、文化旅游、社交娱乐乃至投资理财等细分领域都蕴藏着巨大的成长空间。此外,在每个细分领域内部,不同收入水平、文化程度、健康素质的老年消费者的需求也不尽相同。如能提供更为针对性、个性化、高品质的老龄服务,老龄服务便能从依附于老年房地产行业的附加项目,转变为直接面向老年消费群体的独立部门,创造更多的经济利润和社会效益。

(四)"互联网+"思维与物联网技术应用

2017年2月,我国工信部、民政部和卫计委三部委联合印发《智慧健康养老产业发展行动计划(2017~2020年)》,提出智慧健康养老的战略构想,鼓励运用互联网、人工智能等高新科技,从而更高效、智能地为居家养老、社区养老和机构养老群体,提供日常护理、康复保健、精神慰藉等服务。

结合"互联网+"思维与物联网技术应用的"智慧养老"是老龄产业未来发展的重要战略方向。

通常,选择居家养老和社区养老的老年人群,能够得到配偶、子女或其他亲人的关照,自己的生活自理能力也尚可,仅在个别时期或紧急情况下需要外部援助。通过便携智能设备或家庭智能终端,家庭成员可实时了解老年人群的位置、行动乃至生命体征,老年人群可与亲友保持密切的情感联络,并在需要帮助时及时向家庭成员和社区呼救求援,获得照护服务或医疗救助。老年人群亦能通过社区智能平台,获知和参与最新的文体、志愿活动,并且可完成网络购物、订餐等操作。社区服务中心也借助智能平台,更加了解社区内老年人群的需要和动向,从而更好地统筹规划服务资源、节约管理成本。

目前选择机构养老的老年人群多为高龄、失能、残障或无家庭成员

"百岁时代"下的老年群体：特征、需求与赋能

共同居住的老年人群。智能养老系统可帮助机构更好地连接需求与资源。通过智能终端和监测仪器，老年人可及时呼叫工作人员，并在遭遇危险或异常状况时求助。智能监测仪器也可以自主完成异常预警、发送位置、请求援助等操作，附近的工作人员可通过智能终端接收到入住老年人的需求并响应，还可向总台提高预警级别，请求医疗或安保支援。智能系统可记录并监督老年住户的所有呼叫及响应情况，若在一定时限内未得到有效响应，则扩大信息通知范围并升级预警。此外，智能系统能够自动记录与核算每位员工的工作时间与响应效率，亦能够通过分析需求的层次与频率调整人员与物资的配置，起到规范绩效考核、优化团队配置的作用。

依据功能的不同，智能老龄用品可划分为远程监护、远程探视、智能辅具、休闲娱乐、认知保健等多种类别。需要注意的是智能老龄用品有别于常规的智能设备，鉴于老年人群感觉器官（视力、听力、触觉）、认知能力（记忆力、语言能力）及行动能力（敏捷性、协调性）的衰退，智能老龄用品应当将适老性作为设计的首要准则，力求操作简单易上手。具体而言，智能老龄用品的设计应注意以下事项：首先，智能老龄用品应当从外观和界面设计上差异化于一般的大众型产品，如颜色、菜单、坚固性、防水性等；其次，考虑到智能用品多与老年人的健康甚至生命安全有关，操作系统应该能够长时间稳定工作及保持在线，而非需要经常更新或重新启动；最后，考虑老年消费者的心理与偏好，智能老龄产品应当在舒适度、实用性，尤其是安全性上着重设计，如具备定位、记录、紧急求助、生命体征监测等功能。

此外，老龄产业的智能化、数据化，涉及信息通讯、互联网、传感器、大数据、人工智能等诸多技术的运用与融合。例如，若试图对老年人所处的位置进行定位，需要运用近场控制技术以避免垂直与水平方向的位置信息的混乱，通过对位置信息的赋权，可实现位置的实时追踪与轨迹分析，一旦感知老年人接近危险、未知和禁止入内的区域即可发送预警。此外，成熟的语音识别技术也将极大地扩展老年人获取与分享信息的渠道，使其在视力下降的情况下仍具备阅读文字材料的能力，在行动能力衰退的情况下能通过语言指令让智能机器人代劳，使其与现实世

界的联系更加密切、生活质量更高。未来先进的人脸识别技术，还可用于识别老年人的情绪甚至身心健康状况。

物联网技术的参与则更为普遍和重要。为实现资源的高效配置、避免重复建设，居家养老和社区养老的智能系统建设应该尽可能地统一纳入智慧城市项目的范畴，使其规模化和集成化。如同由联网监控探头构成的"天网"系统，每个智能终端、远程设备都可以接入智慧城市的管理网络之中，并经由城市中枢进行资源调配与人员协调。物联网技术的创新应用，将提高居家及社区养老群体的生活质量和安全指数，同时解决重复投资、资源错配等问题。

第五章

老年社交与人际关系

社会交往，简称"社交"，指个体相互之间进行物质与精神交流的社会活动。从进化心理学的视角分析，对于社会交往的渴望源于个体内在的、本能的生物需要。人类存在于特定的群体之中，社会交往无处不在。个体可以在与他人和群体的接触和交往中建立亲密感和归属感。对于老年群体而言，健康有益的社交活动亦是其完善身心、建立友情、获取支持、实现价值与终身发展的途径。随着老年人离开工作岗位、家庭成员分散居住、亲朋好友离世等压力事件的发生，老年人的社交圈会随着年龄的增长逐渐萎缩，社交同医疗、养老等一样成为老年生活不可回避的问题，需要家庭、社区、机构和政府等外在力量的参与与支持。

虽然老年社会交往很重要，但在每个人生活中的比例是不同的。除了鼓励老年人和社会接触以外，我们也建议尊重个体老人的选择和个体边界，任何老年个体的社会交往都应该是出于个人意愿，而非受制于社会和年龄窠臼的束缚，更不应该承受来自主流文化的压力。正如心理学家荣格所言，一个人在老年期，应该把自己还给自己，追随内在的声音。

老年人也应该自己定夺社交的范围。心理学研究揭露了人类社交生活中的"单纯曝光效应"。简而言之，单纯地接触人类，即使不抱有建立友情或者其他任何目的，也可以消解一些负面情绪。从更极端的例子来看，如果一个智慧的人经过了一生的修炼，在老年期可以走入内心和自我对话,即便与外界切断了部分连接,仍然可以体验到人生深刻的意义。

一、老年社会交往的意义

(一) 延缓认知衰退,促进身心健康

随着年岁的增加,人的大脑功能趋于老化,认知能力也随之减退。虽说这种衰退不可避免,但速度因人而异。事实上,高质量的社会交往所提供的情感支持能够有效地保护老年人的认知功能。大量追踪研究表明,社会交往中所建立的人际关系或者心理联系的数量越多、质量越高,个体的认知功能越容易得到保持。例如,西曼等(Seeman et al.,2001)的研究表明,那些拥有高频度情感支持的老年个体呈现出更优秀的综合认知水平。克罗克斯等(Crooks et al., 2008)的研究表明,拥有较大社会网络规模的老年个体经历有害的认知变化的可能性更小。阿尔帕斯等(Alpass et al., 2004)的研究则从反面证明了那些拥有特定有限的社会网络的个体的认知功能较差。社会网络的规模同样与认知障碍疾病存在相关关系,经由3年的观察研究,弗拉蒂廖尼等(Fratiglioni et al.,2000)发现,独居或未与任何人建立亲密关系的老年个体,患阿尔兹海默症的概率是其他社会交往状况较正常老年个体的1.5倍。

健康有益的人际交往不仅有丰富的大脑刺激和保健功能,还能塑造积极的情绪状态,促进老年人的身心健康。愉快的人际交往常常能起到减轻心理压力、缓解心理紧张的作用,而不愉快的人际交往或者人际冲突,不仅容易导致精神紧张甚至抑郁,还会刺激下丘脑,导致内分泌功能的紊乱,引起一系列复杂的生理变化。许多心身疾病如冠心病、消化性溃疡、偏头痛等,都与长期情绪不良或人际冲突的刺激有关。例如,潘建良等(2000)发现,患有消化性溃疡的个体在社会支持各个维度

的得分均显著低于健康个体，消化性溃疡可能与糟糕的社会支持状况有关。李跃川等（2001）则发现患有食道癌的个体病发前多经历人生变故，使得患者产生心理应激现象，影响身心健康。

（二）经营亲密关系，满足归属需求

退休之后，忽然长期共处一个空间，老年人和伴侣的关系对于生命质量的重要性骤增。日语里有一个词叫作"安适场所"，指的是一个人同他人舒适共处的空间。例如，有的人喜欢在公司待着，下班也不愿意回家。对这些人来说，公司就是安适场所，而家只是睡觉的房子，不是安适场所。对于老年人来说，最难办的人际关系大概就是和伴侣的关系了。亲密关系，是建立在两个个体之间相互信赖基础上和谐融洽的关系，狭义上多指夫妻、情侣，广义上还包括密友。有时候，亲密关系十分复杂和难以处理，但强烈的归属需求使亲密关系对多数人而言不可或缺。在老年阶段，得到他人的理解、关心、信任与保护，同样是重要而不可忽视的需求。

建立与维系良好的亲密关系，对于老年生活的意义非凡。亲密可靠的伴侣，能给老人带来安全感，并且为老人提供切实的帮助与保护（Antonucci, Akiyama & Takahashi, 2004）。张荣等（2019）发现老年人由于脱离职场和社会，常常容易陷入孤独，而亲密关系中的沟通与同情能够缓解老年生活的孤独。此外，高质量的亲密关系能够缓冲老年身体机能与认知能力的衰退，还有助于提升生活的幸福感（Li & Fung, 2011）。

（三）获得社会支持，建立珍贵友情

社会支持，是来自他人如家庭成员、邻里、朋友等的物质与精神援助（Barrera, 1986）。社会支持按照功能不同分类分为经济支持、生活支持和精神支持等。经济支持方面，截至2018年，中国养老保险覆盖率已超过90%。生活贫困的老人会受到社区救济和低保政策的照顾。但由于老年人的收入水平往往不如退休之前,社区和政府提供的也仅是最低生活保障,一旦家庭发生变故或者家人罹患重大疾病,生活就容易陷入窘境。紧密可靠的社会支持网络,能够使老人获得来自家庭以及亲朋的经济支持,降低风险和压力。退休、丧偶、好友去世、子女成家等重大生活事件的出现,可能使得老年人原有的社会支持网络发生重大改变,很容易使老年人出现孤单、寂寞、抑郁、无聊等消极情绪,甚至走向自我封闭,而积极的人际交往有益于老年人情感的宣泄与交流,获得精神支持并建立新的社会支持网络。

配偶和子女往往是为老年人群提供社会支持的主要来源。但是随着社会流动性的增强和生活节奏的加快,成年子女往往由于距离或者生存压力,不能经常陪伴和照料老人。与邻居、朋友、熟人的交往成为家庭交往的补充甚至替代。老年人的朋友有可能是曾经合作的同事或朝夕相处的邻居,也可能是患难与共的故交或者新近结识的好友。不论是何种形式的朋友,老年时期的友谊弥足珍贵,而心理的成熟和岁月的洗礼也使得老年人之间的友情更加真挚且长久。

(四) 丰富自我价值,收获人生幸福

自我价值感,是个体肯定自我内在价值且收获良好外在声誉时,所产生的积极情感体验。良好充实的自我价值感,可以激发个体的激情与自信,使其渴望寻求丰盈的生命体验。相反,个体没有获得一定的自我价值感,就很难有正常的自信、自尊和自我稳定感。但大部分个体的自我价值认知常常是飘忽的,只有在与他人的交往中经由对比得到足够的信息,才能维持其稳定的自我价值判断。离开工作岗位后的老年人如果走向自我封闭,长期不参与人际交往,就很可能因缺乏自我状况的社会反馈信息,而导致个人价值感危机,生成严重的不确定感,进而自我厌弃、自我拒绝、自暴自弃。因此,老年人应当积极地通过人际交往保持同社会的联系,在与他人的交流和反馈中获得正向的情感体验,建立起

老年阶段的自我价值认同。

社会交往不仅是老年人确立自我价值感的需要，也是收获幸福人生的良方。哈佛大学在20世纪30年代开始的一项研究，对268名哈佛本科生进行长达75年的追踪，发现生活中稳固而高品质的关系，是个人幸福的源泉。社会心理学家马斯洛认为，人人都有成为某个集体中的一员和收获他人爱与尊重的基本需要，并且同生理需要、安全需要等同样关键，必须得到满足。人与人的交往对于所有年龄群体来说都是必需的，人们不仅需要互通信息、分享见解，而且渴望表达情绪、爱意、理想及秘密。社会交往不仅是必需的，而且是有益的。通过沟通，人们相互启迪，丰富彼此的人生；处于亲密关系中的个体，相互接纳，彼此探索，获得幸福。

（五）促进终身发展，实现文化传承

只有在社会交往中，个体才能逐渐实现社会化。社会化是指个体在特定的社会文化环境中，习得语言、规范、伦理等社会行为与知识，逐渐适应所处的社会并最终参与创造社会文化的过程。物质生活的改善，使得人们更加关注充实精神生活。但在信息时代，想要实现高层次、高品质的老有所获和老有所乐，人需要不断地学习、不断地获取新知、不断地社会化。通过社会交往，老年人可以融入现实社会与时代潮流，了解和习得新的知识、技能，更重要的是与时俱进地了解其他各个年龄层次人的价值观与社会态度，了解社会的热点问题和形势政策，拥抱高速发展的时代。人际交往不但具有获取信息的作用，还有传递信息的功能，这种互动不仅对老年人的终身发展有益，也对整个社会的文化传承有益。许多老年人在退休后，通过返聘或充当顾问的方式持续发挥余热，将自己丰富的工作经验和人生感悟分享给社会，既满足了自己内心被尊重被认可的需要，也实现了老年人与社会的良性互动，促进着人类文明的传承。

二、老年人际关系的主要类型和特点

(一) 老年人际关系的主要类型

根据关系建立的媒介的不同，将老年人际关系划分为夫妻关系、血缘关系、地缘关系、业缘关系和趣缘关系。

1. 夫妻关系

婚姻所缔结的夫妻关系，对于许多人而言，不仅是老年期最为密切和重要的一组关系，并且是一生建立的所有亲密关系中最为深刻和持久的。夫妻关系的质量，显著影响着晚年生活的幸福感、满意度，乃至身心健康。即使已经相处了很长时间，老年夫妻仍然会在婚姻生活中遭遇许多负面事件，如争吵、分歧等。研究发现，婚姻中的压力与矛盾，会导致老年人陷入焦虑和抑郁（Whisman & Uebelacker, 2009; Stokes, 2017）。但老年个体在多年婚姻生活的摸索中，具备了更好的情绪控制和自我调适能力，学会了彼此妥协让步、平衡相处，很少将负面事件升级为极端冲突（Hatch & Bulcroft, 2004）。在中国情境下，崔丽娟（1995）总结出5个影响老年夫妻关系的主要因素：性格、兴趣爱好、性生活质量、财务支配和家务分担。陈华帅（2009）发现，经济收入、受教育程度及职业等人口学变量，也会对老年婚姻的满意度构成影响。

老年离婚的夫妻较为少见，关系无法弥合的伴侣通常会在更早的时候就选择分开。与离婚相比，老年人脱离夫妻关系更主要的原因可能是丧偶。《中国家庭发展报告（2015）》指出，女性在65岁以后的再婚率明显降低，从将近九成降低至六成左右，相较于60~64岁年龄段而言下降28.3个百分点，比同年龄段的男性低23.4个百分点。报告分析，可能有两方面原因，一是男性的平均预期寿命短于女性，女性更易遭遇丧偶；二是老年男性再婚比女性再婚相对容易。老年再婚夫妻关系有着独有的特点，他们更懂得包容、接纳彼此，但不再需要对方深入分享自己的感受，财务上也更加独立。与独居老人相比，处于婚姻关系中的老人能够彼此照应，这减轻了亲人与社区工作者的担心与压力。

2. 血缘关系

血缘关系，是由婚姻或生育而生成的人际关系，例如亲子关系、同胞关系及其他衍生的亲缘关系。比较重要的血缘关系有：种族、氏族、宗族、家族、家庭。家庭是基于血缘关系形成的亲密的小型生活群体，是老年人群最日常、最重要的生活场所，家庭关系也是他们最注重的血缘关系。其中对老年生活质量影响最大的是亲子关系。尽管夫妻关系从建立时间上往往先于亲子关系，但由于传统文化观念的影响，我国老年人更注重与子女间的关系，但随着子女成家自立，亲子之间的交往相对于夫妻交往会减少很多。同其他关系一样，与子女交往的质量而非数量，影响着老年生活的幸福感。来自子女的关心、陪伴与支持，能够减轻衰老、疾病和丧失事件（如丧偶）的消极影响。一般地，当老年人面临重大生活事件如婚丧嫁娶或陷入困境时，其与亲属的联系才趋向活跃。

随着城镇化进程不断深入，一个特殊的老年群体应运而生，他们在退休后随子女迁移异地，有的寄居在成年子女家里，有的卖掉原生地房产重新置业。他们有一个时髦的名字，叫作"老漂族"。与平日理解不同，大多数老漂族并不是去投奔子女养生，而大多承担起了照料子女或者隔代子女的角色。有的老年夫妻双方选择"老漂"，有的则是一方承担起新地点漂泊的角色。对于老年迁移群体而言，他们的社会关系以家庭、邻里为主，活动范围也往往局限于社区。因为承担着家庭照料的重要角色，社会交往的时间和空间方面都有局限。

3. 地缘关系

地缘关系，是正在或曾在同一地域范围内共同生活的人们在互动中建立的人际关系,如老乡关系、邻居关系等。中国人十分重视邻里关系。俗话说:"远亲不如近邻"。当亲人由于距离、时间等限制无法提供帮助时,朝夕相处、近在咫尺的邻居往往可以给予我们所需的援助。对于离开工作岗位、与子女分居的老年人群更是如此,在家庭之外,社区和村落成为他们最主要的活动和交往场所。老年人群在购物散步、环境卫生、志愿服务、文体活动等日常生活的方方面面,与邻居密切而频繁地产生互动,良好的邻居关系对于晚年的心理健康和生活质量有着非常重要的作用。

4. 业缘关系

业缘关系,指出于学习和职业需要、或在工作场所的互动中缔结的人际关系,如同事关系、领导—下属关系、合作伙伴关系、竞争对手关系、客户关系等。个人可建立业缘关系的规模与类型十分广泛,但随着老年人逐渐退出工作场所,一些联系较弱的、仅仅基于工作联系的业缘关系将趋向于消解,但师生情、战友情等具有深厚感情、共同经历的业缘关系往往能够得以维持并且历久弥新。

5. 趣缘关系

趣缘关系,是指人们因拥有相同的兴趣而缔结的人际关系,目的在于寻求心理慰藉、满足精神需要。物质生活水平的提高,使得人们更加关注自己心理与精神需求,并由此而建立起形式多样的趣缘关系,如舞伴、票友、驴友、牌友、摄影伙伴、游戏伙伴等。这种关系的特点是结构松散,交往活动时间也较分散、不确定,一般在共同的闲暇自由时间线下进行,也可以在线通过微信群等进行。丰富的趣缘关系对于获得珍贵友情、保持身心健康、享受闲暇时光、丰富老年生活具有重要意义。

(二) 老年人际关系的特点

由于所处年龄和经历的特殊性,老年人的人际关系相较于其他年龄层的人际关系会具有如下的特点：

1. 以家庭为中心

脱离工作岗位之前，工作占据了人们日常生活的大部分时间，因此很多人的社交圈都是围绕工作形成的，花费在工作伙伴、上司、客户等身上的时间，甚至远远长于陪伴配偶和子女的时间。离退休后，这种人际关系发生了重大变化，由以职场为中心向以家庭为中心转变。脱离工作岗位之后，人们从职场回归家庭，所扮演的主要社会角色不再是领导、下属、老板、员工等职级身份，也不再是教师、医生、警察等职业身份，而是妻子、丈夫、父母、子女等家庭角色。随着所扮演的主要角色的更替，老年人围绕角色所形成的人际关系网络也随之跃迁，从以职场、工作为中心向以家庭为中心转变。

相较于未迁移老年群体，老漂族对于子女的依赖更强一些。因为子女很多时候是老漂群体迁移的唯一目的。他们在老年期脱离自己既往的人际交往圈子，远离亲朋好友，投奔子女。往往需要子女更多的体谅和关爱。同时，就社会交换理论的角度而言，对于利用自己的时间以及经济资产，继续投资子女和家庭的老人，子女理应予以更多的关爱和回报。这对于家庭和谐，具有非常重要的意义。

2. 交往目标转变

除了人际关系网络中心的转移，老年期的社交目的也在发生变化，由实用功利向乐享生活转变。脱离工作岗位之前，人们开展社会交往活动时往往受到短期利益或长期利益动机的驱使，譬如为了获得赏识而讨好上级，为了更好地合作和同事聚餐，为了业务与客户交际娱乐等。在退出职场、卸载社会角色之后，单纯出于工作利益目的关系维护则失去了其必要性。离退休后，人们更希望围绕自己的内心需求进行人际交往，不再以工作利益为驱动，或为了共享天伦之乐，或为了增加生活情趣，或为了打发闲暇时光。

3. 交往对象稳定，交往范围收缩

进入老年，交往对象由多变趋向稳定。离开职场之前，由于工作内容和工作场景复杂多变，人们交谈、互动的对象也十分多样，充满不确定性。新的工作岗位、团队和组织，将进一步加剧不确定性，与原有对象之间的关系也可能被重新定义；业务范围、工作性质的变化，也可能使交往对象的规模与类型发生重大改变。而随着老年期人际交往的中心向家庭转移，人际关系网络的规模萎缩、不确定性下降。这也许意味着老年人同单个对象间的交往更加高频和深入，在建立关系和交流互动时更加审慎，注重寻求共同的兴趣爱好与价值观念，在一定程度上强化了交往对象的稳定性。

三、老年社交的关系调整与心理适应

（一）老年社会交往的关系调整

老年人应当广交好友，敞开心扉深入交流，充分利用各种交友渠道和现代通信工具，积极融入社会活动，享受广泛、深刻、丰富而有益的社交生活。老年社会交往的关系调整包括以下一些面向：

1. 扩大社会交往的对象

老年人既要关心配偶和子女，也要维持与故交好友的珍贵友谊，同左邻右舍和睦相处，广结因为共同兴趣爱好等相识的同好，同时可以跨越年龄与辈分，和青年朋友进行真诚、平等的沟通和交往。代际间的交流，将使老年人收获更多新的知识、见闻与观念，促进心理状态、知识结构的年轻化，更好与现代社会和谐相处。广泛的社会交往，可以拓宽认知世界的视角与信息渠道，丰富晚年精神生活，并且获得更多的社会支持，提高晚年生活的抗风险能力。

2. 延伸社会交往的深度

社会交往与人际关系是相互的。依据社会交换理论，个体希望在关系中给予和得到能够达到某种合理而恰当的平衡。这也意味着关系中的喜爱与厌弃、亲近与疏远、关切与淡漠往往是相互的、平衡的。因此，如果想要得到积极的回报，老年人群需要在人际交往中付出更多时间、关心、情绪力量与真诚，并在连续的互动中形成良性循环，使关系不断加固和升温。深刻而坦诚的社会交往，有助于我们结交挚友、纾解情绪，构建可靠的社会支持网络，拥有更充实丰富的精神生活。值得指出的是，人际交往是一种能力，超越利益目的的人际交往尤其如此。老年人群不会自动自发形成这种能力，想要拥有高品质的关系，个体应该从年轻时就培养自己与人深度连接的意愿和能力。

3. 广开社会交往的渠道

人际交往的渠道除了直接对话、书信外，还有电话、社交媒体、即时通信应用、短视频等现代媒介手段。例如，借助微信，老年人可以和阔别已久的好友叙旧，和远在异乡的子女儿孙联络感情、交流近况。《2017微信用户&生态研究报告》显示，截至2017年9月，微信平台上55～70岁的活跃老年用户已达到5000万名，这是微信首次将老年用户单独统计，也说明老年用户已经是微信用户中不容忽视的一个群体。但即使以5000万老年用户的数字计算，微信在老年群体中的普及率仍不到25%。未来，越来越多的老人将使用新的通信技术突破客观条件的限制，与亲人朋友交往。

4. 积极参与社会活动

社会活动是人际交往的重要方式。进入老年后，人际交往的频率和深度都不如从前，各类社会活动便成为老年人群社会交往的契机与窗口。老年人可以加入因趣缘、地缘、业缘等关系形成的各类老年团体，也可以通过创业、再就业等形式参与社会经济活动，在过程中结交志同道合的好友，以丰富生活，服务社会，创造财富。此外，社区志愿者活动也能帮助老年人群与社区内的同龄人以及其他居民产生互动、建立联系。老年人积极参与社区组织的社会治理与服务项目，如担当环境卫生的监督员、维护社区治安的巡逻员、各种知识政策的宣传员等，不仅可以拓展社会交往的范畴，还可以在公益活动中收获他人的感谢与尊重，增强自我价值感。

（二）老年社会交往的心理陷阱与适应策略

1. 老年社会交往的心理陷阱

老年人在社交中可能会出现一些心理陷阱，这些会阻碍老年正常社交活动的展开和健康人际关系的维持。

（1）自私心理。老年时期的自私心理，和通常所说的本能欲望、人格特质有所不同，更像是人们因无法自如应对老年期种种变化而产生的"病态心理"。例如有些老年人之前十分慷慨大方，进入老年之后却变得自私吝啬，对钱财或生活琐事斤斤计较，处处以自己的利益和想法为重。老年自私心理的出现，或与人际关系网络的萎缩，以及认知水平的衰退有关；或与在生活上缺乏关爱，在经济上要依靠他人有关；也可能与社会地位和家庭处境的改变有关。总而言之，有限的资源、众多的环境变化，使得部分老年人群对生活失去控制感、安全感，因此通过自私来保护自己。

（2）贪婪心理。贪婪，指想要获得本不应属于自己的事物，或对于某事的要求、某物的欲望超出一定限度，体现在行为上如贪恋钱财、占小便宜、不知满足等。贪婪心理的诱发因素包括不健康的生活观念，对金钱、物质和权势等过于痴迷，或希望世界为自己而运转。其心理成因包括自恋、心理成瘾、自我怀疑或其他负面情绪以及财富和自我价值之间的无意识关联。在这里社会环境因素也不容忽视，有些老人家境贫寒或生活坎坷，在看到他人美好生活时产生了一种不健康的补偿心理。

（3）自我封闭心理。自我封闭，属于环境不适导致的心理现象，指个人从精神和肉体上将自己与他人和外界隔绝，很少或基本不参与人际交往。存在自我封闭心理的老年个体总是将自己关在家里，甚至自己的房间里，除了必需的出行和交流，几乎不外出或与他人互动。自我封闭，被认为是一种心理防御机制，往往由生活挫折及衍生的焦虑、内疚等情绪引发。对于抗挫能力不强、情绪纾解能力较差的个体而言，无法排解的挫败感将使其承受越来越多的心理压力、不良情绪。最终，个体通过选择不与外界接触的方式避免受到伤害。特殊地，对于老年群体而言，家庭成员的离世尤其难以承受，可能使他们心灰意冷，甚至精神恍惚，陷入绝望，行为上表现为不愿意离开自己的房间和住处，一旦离开就会陷入躁动、不安或恐惧等情绪。

（4）虚荣心理。虚荣心理，是人们因渴望获得浮于表面或虚假的关注、荣誉而产生的不健康心理，它使人的自我意识过度膨胀。虚荣心理外化的行为特征包括，捏造家境、履历等并与他人攀比、不合时宜地出风头、抢夺本应属于他人的功劳等。部分老年人，正是由于不甘心在任何方面屈居人下，过分注重表面的繁华，最终陷入虚荣的泥沼。老年虚荣心理常常表现为：不能正确评价自己，将以前的荣誉当成吹嘘的资本；不顾经济条件，在穿着上攀比；在知识学识上，不懂装懂，夸夸其谈；听不得任何对自己的批评等。

（5）嫉妒心理。嫉妒是常见的心理反应，是人与人相比较后产生的心理失衡。嫉妒心理可能会使人们做出不理智的判断和行为，将本应该相安无事、友好相处的他人视为敌人。老年人嫉妒心理产生的主观原因与老年人身体机能的退化和社会地位的下降有关，也和个人争强好胜的性格以及特定的人生经历有关，同时也与社会的冷漠或过分注重比较的环境等客观外部原因有关。老年人的嫉妒可能发生在很多领域：嫉妒其他年龄群体的年富力强；嫉妒同龄人的身体素质、认知功能比自己保持得好；嫉妒同性别老人的良好外貌、优渥家境等；嫉妒他人子女的事业和生活品质等。嫉妒心理，不仅可能伤害别人、破坏人际关系，还会导致悲伤、愤怒甚至怨恨等情绪耗竭，对嫉妒者自身的身心健康造成损害。

（6）愤怒心理。愤怒心理包括两个层面：一是由于种种原因使得自己的目标无法达成、行动受挫而导致的紧张、不快；二是对于社会现象或他人遭遇的反感和不满。老年人群的健康素质、生活和劳动能力日渐衰退，可能在以前可以轻松完成的工作上遭受挫败。此外，尽管老年人群已经离开工作岗位、回归家庭，但仍渴望关注和参与职场及社会事务，当事情的发展不符合其传统观念和常规做法时，便会由于"看不惯"而产生不满。生活场域的收缩、社会支持的缺失，使得老年人群很多情绪积压起来无处宣泄，难免对于家庭成员或亲近的人过于苛刻，而一旦陷入非理智状态，意志力和控制力会大大减弱，因此显得脾气暴躁易怒。

2. 老年社会交往的心理适应策略

快速的角色转变与迟缓的角色适应间的冲突，老有所为的渴望与身心衰退的现实之间的矛盾，是老年不健康心理产生的根源。为了尽量降低不健康心理的产生，以及其对人际关系的消极影响，老年人需要从以下几个方面进行调整：

（1）正确认识生命，坦然面对衰老。根据发展心理学，多数人的生命历程将经历如下阶段：婴儿期、儿童期、成熟期、成年期、老年期和死亡。老年期是人生的必经阶段，衰老作为自然的生理现象是必然发生、无法逆转的。不论是尚未进入还是正在经历衰老历程的个体，都需要逐渐接受这个事实，包括这个过程中的焦虑和不安。

同时，老年人亟须正视自身的优势，全面客观地认知与定义自己的资源与能力，同时正视和悦纳自身局限。这意味着既不能妄自尊大，也不宜妄自菲薄。如果对自身资源与能力产生不切实际的高估，去试图达成力不能及的社交目标，往往不能如愿；如果过分低估自己，就会丧失社交自信，甚至不敢迈出建立关系的第一步，同样不利于享受积极的社交生活。因此，老年人要结合自己的自身状况和兴趣爱好等制定生活规划，选择最适合自己的社交活动和社交圈子，不卑不亢，在实事求是的基础上为自己预留探索新可能的空间。

（2）注重家庭关系，培养生活情趣。老年人的社会交往中心由工作场所转移到家庭，家庭关系成为老年社会交往中重要的关系之一。作为老年人，应当珍视家庭关系，并在和家庭成员的互动之中发挥积极作用：珍惜、尊重、关心伴侣；体贴、尊重、谅解子女；在力所能及的范围内给予家庭成员爱心和耐心。与此同时，老年人际关系的构建也由工作驱动转向享乐驱动。为了延展社会交往的广度和深度，老年人应当加入老年人趣缘群体或者感兴趣的社会活动，寻找投缘的朋友与同好，获得精神寄托与心理满足。

（3）学会表达与控制情绪。暴躁易怒和攀比嫉妒都是老年人存在的不健康社会交往心理，其产生的原因很大程度上在于老年人情绪的适度表达与控制出现了问题。老年人群应当为不良情绪提供宣泄的渠道，但不宜采取过激行为，否则既不会有效地释放压力，又会形成新的社交问题，甚至造成无可挽回的后果。根据情感事件理论，特定的事件会引发个体的情绪反应，但外在环境并不能百分之百地决定我们的反应。情绪体验还与个体对事件的主观评价有关，对待类似的事件，不同的人会做出差异化的评价，进而导致不一样的情绪体验。如果能理性客观地评价，多从积极的视角看待社会交往中的对象和事件，或许能更好地控制与接纳情绪，规避不健康社交心理的影响。

四、老年社会交往的外部支持

社交生活的质量，极大地影响着晚年幸福。作为一个客观上处于弱势的社会群体，老年人仅仅凭借自身的资源和能力，可能无法达成自身对于社交生活的期待，他们需要外在环境的支持。

（一）家庭支持

建立和维系和睦的家庭关系，往往是老年人首要的社交目标。来自家庭成员的精神支持与情感依赖，往往是老年人最基础的社交需求。但对于多数老年人群而言，配偶承担着大部分精神支持的责任，这使得他们更加难以承受丧偶这样的重大生活事件。同时，子女对于老人的生活品质也非常重要。但值得注意的是，亲子关系不能一蹴而就，一夕养成。父母与成年子女的关系也不能简单地归结为子女的单方面努力。二者的关系品质往往是长期养成的结果。单方面倡导子女的孝顺以及反哺，无益于关系的良性发展。

（二）社区支持

居家养老和社区养老的融合将成为趋势，社区提供的老年社会交往硬件及服务支持是家庭支持网络重要且高效的补充。在硬件方面，社区需要完善基础设施和配套设施的建设，为老年人锻炼、休闲、交谈和娱乐提供安全、怡人的环境。在软环境方面，老年人普遍有参与社区活动、加入老年课堂的需要，因此需要动员社区力量积极开展活动，增强老人与社区的联系，丰富老年人精神生活。同时也要注重社区与老年家庭的联动，动员老年人的家庭成员参与社区老年活动，促进代际间的沟通互动。

社区往往是居民的纽带。除了鼓励老年人单向参与之外，社区还可以协助社区老人之间的交流和来往。例如，对社区可以组织一些活动，鼓励老年人互助。老年人可以利用自己的技能，帮助其他老人，在良性的交往中延伸出自己的社交网络。

（三）机构支持

由于养老服务机构的封闭环境和功能定位，其提供的主要是日常护理、疾病康复方面的生活支持，在精神支持方面有所欠缺。完善对于老年社交的支持体系，机构可从下面几点入手：首先，应拓展养老服务涵盖的范畴，将人际支持、社交辅助等作为服务的重要方面，纳入机构的绩效考核体系，制定与之相关的短期目标和长期规划。其次，为老年社交活动的展开提供开阔、安全和惬意的环境，配备丰富的体育器材、娱乐设施等。再次，提升工作人员专业技能和专业素养，引进专业的社会工作者，开展相关文化娱乐活动。最后，考虑到多数养老服务机构出于置地成本的原因坐落在城郊，提升交通的便捷性将有利于增加子女、亲友及志愿者的探视，机构可与市政部门协商在周边设立公交站点，或提供往返班车。

（四）政府支持

政府力量的参与，对于满足老年社交需要同样十分重要。在文化上，政府应该倡导形成尊重、关爱、接纳老年群体的社会价值观念，消除老年人被社会歧视、隔离等不良现象，传播老年人不仅需要物质支持也需要精神支持的理念，塑造积极参与社会交往、投入社会活动的"新老年"形象。在制度上，政府要以国家的政策法规为保障，加强对老年群体尤其是空巢老人、失独老人等特殊群体的关注，完善社会保障与社会支持体系，改善老年活动场所及设施，扫除老年人参与社会的制度性歧视。在政策上，政府要进一步落实老年群体的各项福利政策，使老年人的晚年生活没有后顾之忧，为老年基础设施和活动场所的建设提供资金支持和政策指导。

除了政策层面的支持，政府还可以从舆论宣传和政策普及等角度入手，加强全社会对于老年权利的认知。例如老年人和一切公民一样，享有平等的权利。老人在医疗保健、住房财产、赡养、社会参与等方面都有属于自己的公民权利。

第六章

老年学习与教育

当今世界正发生着飞速的变化,新事物不断涌现,终身学习是对我们每一个人的要求和挑战。对于老年群体,继续学习不仅可以减缓认知能力衰退、满足求知的心理需求,同样也有助于老年人提升技能和知识水平,更好地参与社会活动。人们常常将人生阶段线性地切割为读书、上班以及退休,把学习集中在青少年阶段,而忽视了成人和老年阶段的继续教育。随着预期寿命的增长,人们的年龄阶段感会不断模糊和混合,在不同阶段的重塑需求和学习意愿都可能非常强烈。

我国的老年教育尚处于起步阶段,在探索过程中可以借鉴发达国家老年教育的优秀经验,制定更加以人为本、完善可行的老年教育政策。此外,也需要认识到,与其他年龄段相比,老年群体的认知和学习具有一定特殊性。因此,需要为老年人设计适宜其年龄阶段认知特征与内在需求的新型学习方式。同时,可以探索打破年龄组的学习模式,摘掉"老年教育"的标签,将其纳入终身学习的进程。

一、继续学习和成长的意义

(一)个体终身学习的积极意义

学习不等于"上课"或"看书"。在学术概念里,学习泛指一切由经验引起的持久的行为或行为潜能的变化。"用进废退"对于生物机体的成长与抗衰老来说，是一条普遍规律，终身学习正是对这一规律的贯彻。2009年12月，在第六次国际成人教育会议上，联合国教科文组织发表的贝伦行动架构强调，终身学习对于全人类而言都是一项有价值的投资，因为它会为我们创造物质和精神上共同富足的人生。老年人群通过终身学习，可以得到更多的存在感、价值感和幸福感。这对于个体而言有着生理、心理等诸多方面的益处，对于社会而言也同样重要。具体而言，个体终身学习的积极意义体现在以下几个方面：

1. 促进生理健康

正如上一章讨论的社会交往，终身学习，同样有助于延缓老年期认知能力的衰退。根据认知信息处理理论（Peterson et al., 1991），流体智力将随着个体增龄日渐下降。这是因为与知觉、短时记忆、解题速度等有关的流体智力，以神经系统为生理基础，而神经系统将伴随个体增龄的过程不断老化。这种自然的智力衰退现象可以通过人为干预予以缓解。巴尔特斯等（Baltes et al., 1982）在提高老年人智力水平的研究中，曾让参与者练习用来测试流体智力的相关题目，在一个时间相当短的认知训练后，实验组的测试成绩得到显著提高。该实验经过多次的重复，得到的结果一致。1999年起，世界经济合作与发展组织开始进行大型的"学习科学与脑科学研究"项目，其中日本主要开展脑与终身学习的研究，将教育学与人的观察力、记忆力和意念等方面的神经科学相结合。他们发现，即使在生命的最后阶段，人类大脑仍有可塑空间，且与学习经验密切相关：终身学习或可促使神经元生成新的连接，从而改善大脑的机能，如此这般，将导致持续活跃的大脑细胞老化所需的时间更长，智力衰退得也更为缓慢。

此外，终身学习或可降低阿尔兹海默症的患病可能。阿尔兹海默症，俗称"老年痴呆"，是一种发病隐秘、渐进恶化的神经系统退行性疾病。患者常常伴有记忆丧失、语言障碍、行动受限、方向感缺失等典型症状，最终可能丧失独立生活能力。目前，阿尔兹海默症的确切病因尚不明朗，因此缺少十分有效的治疗和预防的方法。但剑桥大学公共健康研究所的研究发现，学习具有降低阿尔兹海默症患病风险的作用。认知缓解是可能发生作用的机制之一，即通过锻炼另外的、不经常使用的脑构造来弥补个体增龄带来的脑功能下降。2019年阿尔兹海默症协会国际会议公布的最新研究结果也显示，健康的生活方式，包括合理饮食、锻炼运动、接受正规教育等认知刺激会降低认知衰退和罹患阿尔兹海默症的风险。

2. 获得心理满足

头顶的白发、眼角的皱纹、逐渐模糊的视力、子女与孙辈的成长等，都在由内而外或者由外而内地激活着人类的"老化认知"。在老年期，个体面临着健康素质的衰退危机以及社会角色的转变挑战，还需要面对对于疾病和死亡的恐惧，以及各种挑战下的沮丧、气馁、厌烦、苦恼，种种困境都威胁着老年人的幸福感。而学习能够促进老年人的自我实现、人际交往、情绪疏导以及代际交流。终身学习，可以满足老年人群的心理与精神需求，增强幸福感。凯茜·哈蒙德（Cathie Hamond，2004）的研究发现：参与正规课程的学习，对于成年学习者的自尊、胜任力乃至自我效能感都有积极影响。愉快有益的学习生活，将帮助他们发现与拓展潜能，从而在过程中习得适应时代、融入社会的知识和经验，收获自信和自我实现。需要注意的是，哈蒙德指出，只有当学习者的偏好、资质与意愿同学习的内容与形式相契合时，学习才能充分发挥其积极作用。

3. 促进社会参与

终身学习，可以促进老年群体的社会参与，帮助其适应时代、融入社会。处于各个人生阶段的个体均有自身的独特价值，而这些价值必须在社会参与中才能得到彰显、认可和实现。薛菲尔（2011）曾提出著名的"L＞C"公式来阐释学习对于社会融入的意义，公式中的"L"代表学习的速度，"C"则代表社会变革的速度，也就是说，当个人学习的效率快于或不慢于社会的发展变化时，个体才能免于被隔离和抛弃，或者说，可以充分享受当下时代的红利、同频娱乐。因此，无论从彰显个人价值的角度，还是从融入社会生活的角度来看，终身学习都有其必要性。

从乐观的角度来看，如果一个人的预期寿命有100岁，大学毕业后，会有67.5万小时，即便60岁退休到80岁这个区间段，也有17.5万小时，如果按照每天4小时计算，仍会有2.9万小时。如果1万小时定律成立的话，一个人在退休后，也可以有充足的时间，成为至少一个领域的专家。此外，学习本身就是一种社会交往。老年阶段的学习活动，为老年群体创造了分享生活经验与实践智慧的机会与空间，这不仅能为他人带来启迪和裨益，同样能使老年人感受到自身生命的价值与意义，在融入社会中激发潜能、发展人力资本，变"老年负担"为"老年财富"。因此，社会应当创造更多条件与机会，使老年人在学习中实现社会参与。

4. 延续职业发展

老年人需要通过学习新知识来完成对个人无形资产的管理。这里，个人的无形资产是指不具有货币等实体形态的，能为个人提供未来权益及反映个体自身价值的可评估性财富，如个人商业信誉、专业知识技能、个人品行、专利技术、人脉资源等。例如，凭借知识产权（技术）入股于某一企业，可以获得相应的经营收益权；凭借专业资质，可以谋得一个较好的工作职位。

此外，部分离退休的老年人群，劳动能力并未显著下降，身体素质也足以胜任商业组织和社会组织中一般性的工作岗位。到达强制退休年龄，并不意味着职业生涯的终结。而老年教育可在如下方面助力那些希望继续保持职业活力的老人。例如，退休前的职业生涯辅导，规划"第二人生"；再就业职业技能培训，为新工作做好准备；创业辅导课程，筹备开创自己的事业；公益事业与志愿服务课程，了解公益组织的运作模式，成为合格志愿者。总之，教育可使老年群体具备从事经济活动或公益事业的必要知识与技能，为主动职业发展赋能。

（二）老年教育的社会现实意义

围绕促进老年自我成长和社会进步的宗旨，老年教育为老年群体提供的终身教育活动，将有利于构建学习型社会，实现健康老龄化战略，促进社会经济健康发展。

1. 构建多元的学习型社会

"全民学习"和"终身学习"是学习型社会的两个核心要素。"全民学习"，即人人学习，老年人理应涵盖在"全民学习"的框架之中。"终身学习"，即学习要持续整个生命历程，我国的终身教育体系包括学前教育、义务教育、普通高等教育、高等教育、职业教育和成人教育等，而老年教育隶属于成人教育的范畴。这意味着，忽略了老年教育的"终身教育"，不符合教育延续整个生命历程的要求。因此，开展老年教育是构建学习型社会的必要举措。老年教育为老年群体提供了发展兴趣爱好、展示才华价值的机会，在为老年群体增权赋能的同时，改善着"全民学习""终身学习"的整体环境与文化生态，有利于公民文化素质的全面提升。

目前老年教育的提供者只针对老年群体设计课程。未来，越来越多的形式以及老年人之间的个体差异，可能会导致部分老人在选择教育提供者时，并不拘泥于针对老人群体的机构。这样可以形成一种各年龄层以共同的学习目标聚在一起的社会实践，形成一种互相了解和尊重的空间。

2. 实现健康老龄化

老年教育是实现健康老龄化的重要途径。它主张通过科学、教育和社会保障，使老年群体在身心健康的情况下享受高质量的晚年生活。首先，老年教育能够起到促进身心健康的作用。参与娱乐性的益智活动，和同龄人开展合作，有益于缓解老年人孤独、悲观、焦虑等不良情绪，起到情绪疏导、自信建立、获得价值感等心理保健作用。其次，老年教育可以帮助老年人掌握科学的健康、医疗和卫生知识，增强预防和保健意识。再次，老年教育可以起到锻炼思维、缓解认知衰退的作用，可以减少阿尔兹海默症的发病风险。最后，老年教育中的体能训练，能够规避肌肉萎缩、提高器官供血能力，对老年性骨质疏松、脑血管疾病、冠心病等的防治具有积极意义。

3. 促进社会经济可持续发展

老年教育可以促进老年人力资本的保持与成长，为社会经济持续健康发展赋能。不可否认，老龄化在某些层面削弱着经济发展的动能，如劳动力规模的缩小和结构的老化，可能影响生产效率；老年人口的激增使得社会保障支出增加，侵占用于再生产的资金等。但老年教育可以将老龄化带来的劣势转化为经济发展的优势。随着健康素质的改善和预期寿命的攀升，按现在的退休制度，人们退休后或可继续健康生活20余年。如果在这一阶段，老年人仍能不断学习、成长，在经济、政治、文化等各领域汲取新知识、有所作为，将为社会发展提供浩瀚而宝贵的成熟人力资源。此外，老年教育产业的崛起将创造巨大的经济价值。

二、老年期的认知特点

尽管老年学习的积极意义已经被证实，但老年期认知功能的普遍衰退使得人们包括老年人自己对他们能否有效学习心存怀疑。认知指获取和运用知识的过程，包括感觉、知觉、记忆、语言等，是人类最基础的心理活动。在整个老年期，认知的各个层面都难以避免地走向衰退，但可塑性仍然存在（Baltes & Carstensen, 1996）。事实上，老年期是个体之间认知水平差异最大的时期，那些保持了高水平认知机能的老年人，更可能找到恢复能力、补偿衰退的方法。了解老年期的认知变化与特点,可以帮助我们打破对于老年学习的偏见,进而找到更适合老年学习的模式和方法。

(一) 老年期的记忆

1. 有意记忆

在老年期,回忆困难的现象时有发生。由于大脑加工的速度减慢,老年人只能记住较少的信息,在工作记忆中存储较少,因此会忽视掉事件的来龙去脉和某些细节。例如,老人或许能够记起某部老电影中的经典人物,但想不起电影的名字,也不记得观看的时间与地点。而当我们有意回忆某事时,恰恰是这些来龙去脉对于提取线索十分重要。由于对于细节的注意不够,老年人的有意记忆能力在很多方面被削弱。例如,老人会偶尔不能把真实发生的事情与想象的事情很好地区分开(Rybash & HrubiBopp, 2000);有时难以记清楚事件发生的前后顺序或距今的时长(Hartman & Warren, 2005);有时则记不住消息的确切来源(Simons et al., 2004)。

2. 自动记忆

相较于有意记忆能力,自动记忆能力的下降程度则相对较小。再认(从前识记的事物重新出现时,仍可辨认出来),就是一种自动化的、需要较少加工的记忆,环境线索可以辅助老年人较为轻松地实现再认。例如,如果老年人在电视上看到之前忘记名字的那部老电影的纪录片,他们马上便能认出来。此外,内隐记忆,也是一种自动的、无意识的记忆,是一种无需有意回忆而个体经验自动作用于当前任务的记忆。内隐记忆主要依赖于熟悉程度而非记忆策略,在老年期被大量调用(Fleishman et al., 2004)。典型的内隐记忆任务是,先向参与者展示一系列单词,然后让其补全挖空的单词(如 t_k),这时人们通常会使用刚刚出现过的单词(如 task)进行补全,而不是其他单词(如 teak 或 took 等)。

3. 联想记忆

联想记忆是一种信息整合为复杂记忆的能力，它会随着年龄的增长而趋于下降，这使得老年人难以建立和提取信息块之间的联系。本杰明等（Benjamin et al.，2003）曾让老年人和年轻人一同识记一些彼此之间无关的词组，如三明治和收音机，桌子和外套等。在识记完成后的检测环节，他们发现老年人能够较为轻松地辨认出曾出现的单个词，能力与年轻人相当；但对于配对的词的准确再认则相当困难，成绩明显差于年纪较轻的参与者。不过，如果向老年人重复地呈现需要记忆的信息，并提供多一些的线索辅助记忆，就能显著地提高其联想记忆的效果（Simons et al.，2004）。

4. 长久记忆

通常人们认为，老年人擅长长久记忆，对以前发生的事记得总比近期发生的更清楚，科学研究却发现并非完全如此。研究者曾让20~70岁的成年人回忆小学与中学同学的名字，以及中学时学习的外语单词。结果发现，在最初的3~6年中，记忆水平快速地下降，在之后的20年中几乎没有变化，此后又出现了一定程度的遗忘（Bahrich，1984）。50~90岁的老年人群，能够较多地回忆起发生很久和近期发生的事情，但对发生在成年期中段的事情印象并不深刻，其所能回忆起的长久事件多发生在10~30岁（Rubin，2002）。老年人对于青少年和成年早期生活的印象更为深刻，也许是由于正处于充满新体验、新挑战的剧变时期，这期间有许多对日后发展产生重大意义的事件。

5. 前瞻记忆

前瞻记忆，是与回溯记忆（对曾经发生的事件的记忆）相对的概念，指对未来的时间与行动计划的记忆。老年人会越来越难记住吃药的时间、聚餐的日期、明天的安排，甚至有时会突然想不起下一秒要做的事情。前瞻记忆的困难可以通过实用的技巧加以规避，假如老年人有很强烈的动机记住某事,可以通过外部辅助反复提醒自己,如设置闹钟提醒、在显眼的地方张贴便签、经常记录与查看日程表等(Henry et al.,2004)。

(二) 老年期的语言加工

老年期的语言理解能力,相比其他年龄段并没有明显下降。在这个阶段如果感知觉(听力、视力等)功能没有过分退化,并且有足够的时间阅读和聆听,老年人完全可以正常地理解文字和对话信息(Hultsch et al., 1998)。语言生成能力则明显衰退,一方面,老年人需要很长时间寻找恰当的单词表达自己的想法(MacKay & Abrams, 1996);另一方面,构思说什么和以什么样的语句说出来也变得更加困难,老年人经常出现说话重复、不完整的现象,他们的表达往往不如以往富有逻辑(Kemper et al., 1992)。

但同样,老年人可以找到弥补语言生成能力衰退的方法。例如,适当地简化语法结构,留出更多的时间用于提取词汇;或是为了提高信息传达的质量,牺牲效率,用更多的句子表达想法。此外,老年人还可以采用少说细节、专注要点的方式进行交流。这样的话,老年人可以充分利用工作记忆的有限容量,提取信息中的精髓,并运用符号标志、生活经验等进行填充,使自己的表述更加丰富。例如,老年人在讲述童话故事、民间传说时,会省略掉很多具体情节,相应地加入一些个人观点和道德哲理,而这些内容在年轻人的讲述中很少出现。

(三) 老年期的问题解决

身心衰老既会造成退化,也能激发重要的适应性变化。大多数老年人都会专注于解决日常生活中相对熟悉的问题,如饮食、理财、健康等。一项调查显示,老年人一天约用 1/3~1/2 的时间处理日常生活问题(Willis, 1996)。在健康问题上,老年期日常生活问题解决的适应性得到充分展示。对于自己是否患病和需要就医,老年人总是能做出快速决断,而中年人和青年人往往等待以收集更多的信息(Russo & Talbot, 1995)。老年人与疾病对抗的多年经验,使其能够明智地果断采取行动。此外,相比其他年龄段,老年人更愿意向他人请教(Strough et al., 2003),更愿意与人合作解决问题(Meegan & Berg, 2002),这些都是弥补认知衰退的有效策略。

(四)老年期的认知功能

认知功能常用我们所说的智力作为表征。智力有流体智力和晶体智力之分。基于生理因素的与知觉和动作反应速度、注意力、短时记忆等相关的流体智力,自儿童期开始增长,至青少年及成年前期逐渐攀升至峰顶,尔后在成年后期缓慢下滑。老年期流体智力的下降,存在生理与病理两方面原因:生理上,随着年龄增加,大脑生理功能衰退,神经细胞减少,脑组织萎缩,记忆力和敏捷性大不如前;病理上,常见的老年多发疾病如阿尔兹海默症、脑血管疾病等都会造成智力下降。

而与后天习得的知识、经验的沉淀内化有关的晶体智力,如开阔的眼界、丰富的词汇和敏锐的洞察等,不但不会随着年龄衰退,往往还会有所增长。通常我们所说的智慧,就是晶体智力。哲学家们认为智慧是一种退进的平衡、不执着于自我但依旧拥有自我的能力。智慧包括充分的悦纳自我的局限,不为此而卑微和裹步不前,同时可以不断超越自身的局限和偏见,拥抱多元世界。从实际操作的角度,智慧也可以理解为能够有效处理复杂问题的系统化能力。例如,心理学家厄尔特斯(1992)就设计了一种衡量智慧的量表,里边的题目类似于询问成年人"一个14岁的女孩怀孕了,她应该怎么想,怎么办?一般人怎么想,怎么办?"最好的答卷大多出自60岁以上的老人。虽然没有证据显示,年龄一定可以带来晶体智力的增长,其中的影响因素也并不明确。但一般的观点还是认为,年龄和智慧是有正相关关系的。

从理想的状态来看，由于流体智力的衰退和晶体智力的增长互相消抵，老年期总体智力的变化并不会十分显著。如果个体的认知能力更多地基于流体智力，其在老年期将遭遇明显的认知衰退；而对于更多地基于晶体智力的个体，其认知能力能够在老年时期内得到延续甚至提高。而晶体智力的保持，取决于老人能否持续获得发展认知技能的机会，这也正是研究发现老年期的个体认知功能差异大于其他任何人生时期的原因之一。当生命接近终结时，智力功能仍具有极大的潜力与可塑性。

对比其他年龄层次的群体，老年人群普遍在传统正规课堂中的学习效率较低。流体智力的衰退所导致的思维过程缓慢和记忆力下降，以及其他生理因素等影响着老年人的有效学习。老年人掌握某一概念所需的时间增长、出现错误的次数增加，在词汇的调用、语言的生成上存在障碍，对事情做出决策也往往需要更长的时间而且难免出错。此外，由于健康素质和生理机能的下降，老年人的视力、听力、触觉等感知觉日渐迟钝，肢体的协调性、敏捷性也不如以往，时常感到疲劳和体力不支。这些都会对老年人的正常学习造成影响。

在学习内容上，老年人偏好已有积累的领域，往往并非出于升学、获取资质或职业进阶等目的，而是以兴趣和生活为导向。老年人的创造性思维下降，容易形成思维定式，对复杂的假设性问题的解决存在困难，学习新知的能力和意愿往往不如其他年龄阶段高。而如果老年人过去在学习的领域有过一定的积累，更容易掌握该领域的新知识，同时会更容易建立学习的自信。

三、老年学习的组织形式

针对老年期的认知特征，老年人应当如何学习？什么样的学习方式更适合老年人？现实中，老年人群对于学习方式和学习地点的偏好并不一致。有些老年人喜欢安排有序的集体课程，有些则更钟情自学或相对灵活的小班教学；有些喜欢参与更为放松活泼的学习活动，有些则偏爱严肃正统的课堂。尽管如此,英国经济社会研究委员会2003年的调查表明,大部分老年人对于传统的学习方式并不感兴趣。20世纪下半叶以来,随着新型教学技术和教育理念的冲击,许多针对老年人学习需求设计的老年学习组织模式在国内外涌现。这里选取四个代表性的模式进行介绍:主要采用正规教学形式的英法"第三龄大学"和日本"高龄者教室",及采用非正规教学形式的北美"老年游学营"和中国的"活动驱动"模式。

(一)法英:第三龄大学

第三龄大学起源于20世纪后半叶的法国,建立的目的在于通过教育改善第三年龄(通常指60~75岁)人群的生活质量,并满足其精神追求。全球首座第三年龄大学,由皮埃尔·维拉斯(Piere Vellas)教授于1973年在法国图鲁兹社会大学创办。随后第三龄教育发展成一项国际运动。

一般而言,法国的第三龄大学会依托于当地大学而建立,经费来自大学拨款、企业赞助与政府补贴以及学费收入,采用大学的教学体制为老年人群提供学习资源。大学为第三龄大学教学活动的开展提供场地以及师资,而老年学员也可以通过修习课程获得相应的学分,进而获得正规学历。此外,还有专门为老年人群设计的短期项目,以契合其个性化的学习主张。

英国的第三年龄大学,在教学的正规程度以及师资提供者上区别于法国。英国第三年龄大学的创办者是皮特·拉斯莱特(Peter Laslett)和尼克·康尼(Nick Coni),他们于1981年在剑桥组建了第三年龄大学发展委员会。1982年3月,该委员会正式开始提供为期一周的示范性课程,师资并非来自大学或其他机构,而是由参与者依据兴趣和需求自由结组,互相传授知识技能。同年,第三年龄信托基金成立,这是一家专为英国第三年龄大学提供支持服务的慈善机构,包括暑期课程、网络支持、法律顾问、大型会议等。该信托资金的经费主要来自会员缴纳的会费和外部捐赠，不接受政府资助。

（二）日本：高龄者教室

高龄者教室，又称"高龄者学级"，是主要于各地公民馆开设的向60岁及以上老年公民开放的学习项目。公民馆是日本常见的公共场所，可用于开展各式各样的公众会议及活动，老年公民无须奔波便能就近参加课程，一年的学习时间至少要达到20小时。除了公民馆，高龄者教室的活动场所可根据地区具体情况灵活选择，包括市民文化会馆、生活改善中心、福利之家休憩中心及公共礼堂等。高龄者教室依托本地的公共教育设施，集学习提升与休闲娱乐为一体，在帮助老年人培养生活情趣、改善生活品质的同时，有力地促进了地区公民事业的发展。

高龄者教室的师资，多由在某学科或某行业具有专长的教师兼任，教学内容涵盖食品烹饪与营养搭配、心理调适、健康管理、时事问题以及老年时期的人际关系、生活方式等，培养老年志愿者也是其中的核心内容。高龄者教室的教学多以讲座的形式展开，其根本目的是为了帮助老年学员适应社会变化、不与时代脱节，同时促进健康、丰富生活、提升修养，并提升老年群体的社会性工作能力，引导其积极寻求生命价值。自1973年起，日本政府便开始对高龄者教室进行资助。

（三）北美：老年游学营

1975年，马蒂·诺尔顿（Marty Norton）教授于美国新罕布什尔大学创办了世界上首个老年游学营。老年游学营是独立于其他机构的非营利社会组织，面向55岁及以上的老年人开展短期游学项目，将专业课程和旅行游玩结合起来，同时帮助老年人增长见闻、结识好友。目前，老年游学营项目（在加拿大被称为"学习之路"）每年吸引25万余名北美老年人参与，类似的形式也被推广至英国、日本、澳洲、意大利等数十个国家及地区。

老年游学营的参加人数一般在20~40人，以6~7天为一期，单次价格不等，多在400~1000美元（约2800~7000元人民币），包含课时、课本、食宿及交通等项目。老年游学营对参与者唯一的要求是身心健康，能够正常参与项目，如有经济困难还可以向主办方申请奖学金。老年游学营每次都会设计不同的学习主题和行程，结合途经地区的条件和特色进行安排，充分利用当地生态环境与人文资源，鼓励学员进行开放性的探索。例如，一次位于科罗拉多州丹佛市的老年游学营，以废弃的采矿小镇为宿营地，将野外生存、甄别与烹饪野生植物作为主要教学内容。老年游学营的行程设计丰富多彩，没有任何作业和考核，也不对相关的知识背景做出要求。老年游学营教学安排十分灵活自由，多是上午聆听讲座，下午参观游览，晚上自由活动或观看娱乐表演，体现出寓教于乐的鲜明特点。但尽管并没有对参与者做出硬性要求，参加老年游学营的多是受过良好教育、经济宽裕且时间充沛的活跃老年人（Abraham，1998）。

（四）中国：活动驱动

活动驱动的学习模式，受到"任务驱动"教学法的启发，即老年人在教师的引导下，在问题动机的驱使下，针对某个特定课题或方向，在搜集资料、探索学习、小组协作的过程中习得知识的模式。活动驱动和老年人学习的特点与兴趣高度匹配，将学习与各式各样的文体竞赛及演出活动结合起来，寓教于乐。

传统的老年教育往往以班级为单位授课，以教师说教为主导，对老年学员的吸引力不强。而老年学员由于自身的知识积累参差不齐以及学习能力的局限，在这种形式下的学习效果差强人意。我国的社区工作者在实践中，开发了通过举办活动来促进老年学习的新模式。无锡开放大学是其中的一个优秀代表。无锡开放大学通过与基层社区老年大学、街道及乡镇活动中心达成密切合作，能够动员各级学习点的学员踊跃参加活动，由无锡开放大学统一组织开展学习活动、提供师资、场地与资金支持，并针对学员需求制定激励机制。

自2014年起，无锡开放大学陆续组织了"社区特色团队展示活动""中老年词汇听写竞赛"等系列活动，得到社区老年群体的积极响应。仅特色团队展示活动，在场地有限的情况下，便有14支团队、近400位老人参加。老年人通过团队协作、数字化学习、互动学习等方式，呈现出一些兼具创新性、艺术性和教育意义的精彩节目。活动驱动的学习模式，充分激发了老年群体的求知欲与创造欲，丰富多彩的学习活动不仅能满足精神文化需求、充实生活，并且使老年人收获了新知，结交了志同道合的伙伴。

（五）提升学习效果的建议

无论是处于正规课堂或是其他非正规教学形式之中，无论是在老年游学营、老年大学还是在社区的老年中心学习，如下几个建议都可能有助于提升其学习效果（Illeris，2004）：其一，设置积极的学习环境。部分老年人由于外界歧视与偏见的内化，自尊心较低，自信心不强。支持性较强的学习环境，将帮助老年人重塑自信，提升学习效果与积极性。其二，预留充足时间学习新知。由于流体智力的下降，以及个体之间知识水平与学习能力的差异，部分老年人掌握新知识的速度较慢。控制好传授新知识的节奏，将复杂的内容分多次完成，有助于老年人更好地吸收知识。其三，条理分明地呈现知识。老年人的联想记忆能力（建立和提取信息块之间的联系的能力）下降，形象具体、层次分明且紧扣主题的资料更能帮助其理解、记忆。其四，结合生活实践进行教学。在老年期，对于缺乏现实生活背景的传统问题解决能力趋于下降。如能结合老年人的生活实践辅以讲解，将新知识与既往经验结合起来，将提升回忆效果。

四、老年教育的现状与发展

（一）我国老年教育事业的现状

我国的老年教育虽然比发达国家起步晚，但得益于政策层面的重视与支持，发展迅速，前景良好。2010年国务院办公厅发布的《国家中长期教育改革和发展规划纲要（2010~2020年）》中，首次将"老年教育"作为国家教育体系的战略构成部分。2016年国务院正式出台《老年教育发展规划（2016~2020年）》，对构建中国特色的老年教育体系的具体策略和实施步骤做出安排。

1983年，中国首所老年大学——山东红十字会老年大学诞生。近年来，我国老年教育在办学机构的规模和形式方面也取得了长足发展。截至2014年，中国各类从事老年教育的机构总数达6万所，在校老年学生达700万名。《老年教育发展规划（2016~2020年）》进一步提出要求：截至2020年，地级及以上的城市原则上必须存在至少一所老年大学；50%的乡镇（街道）应当建有老年学校；30%的居委会和村委会应当设有老年学习中心。

我国老年教育尽管发展势头强劲，依然面临着诸多棘手的问题。

1. 专职师资供给严重不足

目前我国老年教育机构和组织的师资多由外聘兼职教师构成，专职执教的教师比例很低。2015年，中国老年大学协会开展的一项涉及全国70所老年大学的调查发现，97%的老年大学教师是外聘兼职教师，其中退休人员比例很高，退休前多供职于各级学校、党政机关或事业单位，所授专业以文化体育类为主。从实际考虑，外聘兼职教师可以节约薪酬开支、促进老年再就业，但由于相当数量的教师并非专职也未接受过专业培训，往往并不掌握教育老年学生的相关理论和技巧，专业水平和教学效果也良莠不齐。此外，兼职教师往往上课即来、下课即走，在课余时间很少与学生交流联系，不利于教学活动的开展和知识的传授。

2. 社区培训教育供给严重不足

尽管老年教育机构的规模和形式已得到长足发展，但相对于老年人群旺盛而多元的精神文化需求而言仍远远不够，尤其在老年人活动最频繁、联系最密切的社区之中。一些基层社区的老年活动中心利用率很低，即便开展活动、开办课程，其形式也较为单一，集中于音乐、舞蹈、体育、书法等文体领域，且由于师资匮乏和学员水平不一，多采用讲座或大班授课的传统形式传授基础知识，缺少对于某主题、某学科的系统性授课与学习。此外，个性化、开放性的学习探究活动，也十分罕见。在农村区域，老年教育资源更加紧缺，同时需求尚不明确，例如，有部分老人仍需承担繁重的体力劳动或者照料未成年孩子，可能没有时间或者意愿参与老年活动。未来，随着生活水平的提高，以及老年人群数量及其精神文化需求的迅速增长，老年教育的供需矛盾问题将更加凸显。

3. 职业相关培训供给严重不足

职业培训是帮助不满足于离岗退休老年人继续追求职业发展的关键因素，也是让他们通过提升技术、发展专长切换至新角色的重要途径。由于体能和精力的衰退，老年群体在就业市场中处于相对劣势，因此有必要通过增加劳动技能来提高就业竞争力。许多老年人希望获得培训并拓展技能，以保持其生产力、拓宽职业选择，但是这一点与现实存在着断层。目前的就业培训机构多只针对青年就业人群，少有课程针对老年特殊需求与学习特点。大部分老年人较容易接触到政府、老年社团组织等提供的公益培训，但因没有针对性，教学开展的质量和效果并不尽如人意。此外，现有的职业技能培训内容较为单一，多集中在家政服务行业。未来教育的内容应当根据经济社会和老年群体的需求不断调整，如文案工作以及计算机操作和编程等都可以纳入培训内容。新技能和新职业的适配也可能是未来老年教育的一个方向。

（二）发达国家发展老年教育的经验

动员社会力量积极参与老年教育，老年人群积极参与社会活动，是欧美发达国家推进老年教育的普遍思路。各国老年教育各具特色，下边我们就一些共性的实践与经验进行探讨。

1. 教育内容阶段化

按照时间进程，英美等国将老年教育的目标划分为不同阶段：在退休前，老年教育主要聚焦于再就业准备或退休生活的设计，以及预先的心理辅导；在退休后，老年教育的重心转移至帮助老年人群发展兴趣爱好、满足精神需求、提高生命质量，同时对于渴望"老有所为"的群体，为其提供适宜职业技能或志愿服务培训；在生命的最后阶段，老年教育则通过宗教、心理学和社会学帮助老年人客观认知衰退、疾病及死亡。

2. 经费来源多元化

发达国家在拓展老年教育经费来源方面进行了许多有益探索：如英国的第三年龄大学的经费主要来自大学拨款、企业赞助与政府补贴。日本的高龄者课堂由政府财政支持。美国的老年游学营依靠集体众筹、社会捐赠以及学员自费。在探索中，各国逐渐构建起财政出资、大学拨款、企业赞助、慈善捐赠、社会众筹以及老年自己支付等多渠道相结合的资金募集体系。

3. 课程设置的个性化

发达国家的老年教育注重课程内容的个性化与适应性，不同兴趣爱好、工作经历和受教育程度的老人可以选择不同的学习类型。例如，日本老年教育机构提供的课程围绕老年人切身需求，从文学到体育，从时事政治到家庭生活均有所涉猎，且娱乐内容占很大比例。英国的第三年龄大学可以根据会员的兴趣设计课程和教学纲领，力求授课的内容与形式符合会员的期待，激发学习兴趣，提高教学效果。

4. 教育模式的多元化

发达国家主流的老年教育机构分为四类：一是依托于高等教育院校的全国性老年大学，资金来自大学拨款、社会赞助和学费收入等，如法国的第三年龄大学；二是基层社区教育组织，美、加等国以政府财政、社会募捐和极低学费作为运营经费，建立起社区主导、老年人群自我管理、自主学习的基层社区教育组织；三是老年自建自治的教育机构，例如有逾500所英国老年大学由老年人群自己筹建管理、自己组织授课；四是政府财政主办的各级老年教育机构，例如德国政府将老年教育经费纳入财政开支预算。

（三）我国老年教育事业发展的政策建议

发达国家在探索学习型养老模式的过程中，已经形成了较为优秀的范式，但并不适用于所有社会情境。我国进入老龄化社会，约比欧美发达国家迟了一个世纪甚至更长，老年教育的政策、研究与实践相对滞后，也有着较大的国情差异。因此，我们希望能够借鉴发达国家的经验成果，为中国特色老年教育体系的构建提出一些建议。

1. 构建老年教育的新体系

我们建议构建以公立老年大学为核心，民营及其他性质老年教育机构为补充，社区老年教育为辐射带，互联网等科技手段为辅助的老年教育新体系。教育委员会和体育局、民政局、老龄办等有关管理部门的权责需要进一步明确。特别地，教委作为主管部门，应当深刻认识老年教育作为终身教育最终环节的特殊意义，将其纳入地方教育体系，并向乡镇社区延伸。国务院办公厅发布的《老年教育发展规划（2016~2020年）》提出，以现有的开放大学和广播电视大学为主体建设老年开放大学，构建以区域老年开放大学为总校，以街道教育中心为分校，社区居民活动中心为基层教学点的三级老年教育体系。

2. 拓宽老年教育投入的渠道

解决老年教育的经费来源问题，需要"多管齐下"。由政府、企业、社会和个人多主体共同筹措老年教育经费，是保障老年教育投入较为可行的方案。随着老年教育被纳入终身教育体系，政府应当加大财政专项资金投入，适度提升老年教育在整体教育预算中所占的份额；鼓励社会资本兴办老年教育机构或参与投资，适度放开市场准入；吸纳商业组织、慈善机构、老年团体及社会各界爱心人士的捐赠，由管理部门规范监管；鼓励教育机构利用现有资源和师资开展老年教育，政府可给予减免税收等政策优惠或资金支持。

3. 加强老年教育教师队伍建设

组建和优化老年教育师资队伍，应当"专兼结合"。具体措施包括：准许并倡导各类各级学校和教育机构的师资，在业余时间前往老年教育机构兼职执教或担任志愿者；鼓励具备专业知识、健康素质好的退休教师在老年教育机构代课，这样既能解决师资短缺问题，又能促进教学相长、重新匹配老年人力资源。同时，充分发挥市场机制，利用社会教育培训机构的资源，吸纳或培训师资。除了扩充与培训兼职教师，还要加强对专职教师的招募、管理和激励，改善专职教师的薪酬福利待遇。除此之外，还应当制定并落实涵盖兼职教师与专职教师的教师资格以及岗前培训制度，选拔资助优秀专职教师前往高等学府短期培训，修读相关课程。

为了促进老年教育的长久发展，保障人才的持续供应，要立足长远，加强老年教育相关的学科与课程的建设，如家政服务、社区管理、老年护理、老年心理、社会工作、慈善管理等学科，均可纳入鼓励开设专业目录、高等职业教育专业目录和紧缺专业目录。同时，鼓励高校开发并申请设置目录以外的老年教育相关学科，甚至开设并招收老年教育方向的专业硕士，以实践为导向制定培养方案和教学计划。同时，教育部门应对老年教育有关的科研和实践创新项目予以资金和资源等方面的支持。

4. 建立智慧型老年教育的新平台

尽管智慧城市、智慧校园的改造方案早已出台并落地，高新科技对于老年教育的参与和改变却乏善可陈，老年教育的智慧转型明显滞后。因此，应当把以计算机、互联网为主的"智慧学习"纳入老年教育的课程体系，帮助老年人适应以高新科技为载体的学习生活。智慧型老年教育还可借助网络进行授课，解决城市老年大学"一座难求"的窘境。

"互联网+数字化教育"作为老年教育的新兴方式，正在全国范围内普及。各地老年大学、开放大学及老年教育机构等纷纷开始研发老年教育在线平台，如"老年微课堂""老年慕课"等，可在多种系统、多种智能终端上运行。此外，对于行动不便的高龄失能、体弱不便，以及居住在偏远地区的老年人群而言，在线授课可以使其更便捷地接触学习资源、获得优质教育。为了实现"互联网+数字化老年教育"的长远发展，老年教育机构要提供老年互联网学习的支持服务方案，配备足够规模的支持服务团队，或者对接可靠的服务商。在数字化学习的初期，机构应预留充足课时，对老年学员开展智能设备使用方法的辅导，缓解教学分离所带来的隔阂与不适宜。在数字化学习的过程之中，当老年学员遇到操作问题或技术难题时，支持服务团队应当及时、耐心地予以答疑，并确保老年学员已经理解并能够自主解决；在具体授课中，教师要及时发布课件，并妥善利用即时通信软件和社交媒体，发布最新教学安排与课程讯息，形成良好的师生互动。

第七章

老年社会参与

"老有所为"是国际社会所倡导的积极老龄化政策。"老有所为"表现为老年群体的社会参与，具体涉及经济、政治、公益及文化等各个社会领域。虽然社会参与对老年人个体和社会都具有重要意义，但各类现实因素仍然阻碍着这一进程。针对这些难点，应当构建现代、合理的社会老年观，充分发挥政府引导和社会（社团组织、社区及企业）支持的作用，同时也需要促进老年个体自我赋能，提升其社会参与的能力与意识。

一、从健康老龄化到积极老龄化

20世纪80年代开始，人口结构趋于老化的趋势逐渐从发达国家扩展至发展中国家，老龄化成为国际社会需要共同面对的严峻挑战。自此，国际社会针对日渐严峻的快速老龄化问题开展了一系列的理论构建和政策规划。

1987年5月的世界卫生大会上，"健康老龄化"的概念首次诞生，推动健康老龄化成为老龄研究的核心课题之一。1990年，哥本哈根世界老龄大会正式将健康老龄化确立为应对全球老龄化问题的通行方案。健康老龄化颠覆了以生理健康、疾病医疗为主的传统老年健康观，关注老年人在生理、心理以及社会支持方面的健康状况,以期改善老年人群的生活质量,延展健康寿命。除了为老年群体服务,健康老龄化旨在帮助各国社会尽可能地转化老龄化带来的不利影响,持续稳定发展,为所有公民健康、富足、幸福的晚年生活提供物质前提和社会保障。

健康老龄化的提出基于老年人的切身需求,对于改善老年群体的健康水平和生活质量具有积极的社会意义,但是也存在着两方面的局限:首先,该策略仅关注到了老年人对社会支持与保障的需要,而忽视了老年公民对于社会存续和发展的作用;其次,对老年人的关怀局限于满足其不同层次的需求,但未意识到其作为公民所拥有的平等社会权利。

1997年,基于社会权利视角的"积极老龄化"的概念与理论,于西方七国丹佛会议上被正式提出,这是该概念第一次进入国际社会的视野。2002年1月,世卫组织发布了《积极老龄化:从论证到行动》。同年4月,联合国召开第二届世界老龄大会,并于会后发布《积极老龄化:政策框架》的报告。自此,积极老龄化逐渐被确立为应对21世纪人口老龄化挑战的主要理论依据与行动策略之一。

积极老龄化指的是"老年人为了提高自身生活质量,使健康、参与和保障的机会尽可能发挥最大效应的过程"。它主张人们在整个生命历程中都可以发展和运用自己在经济、政治、文化等社会领域的潜能,依据自己的意愿积极参与社会,并在必要的时刻获得足够的保障、帮助与照护。健康、参与和保障是积极老龄化战略的三个主要构成部分。"健康"是指尽可能减少老年人因衰老带来的疾病,使慢性疾病得到预防、保健、治疗和康复,以改善老年人生活质量,延长其社会参与的时间。"参与"是指老年人根据自己的意愿与才能,通过各种方式参与社会经济、文化和精神活动,利用知识、技能和经验,继续为家庭、社区和社会做出贡献。"保障"是指对于失能和半失能等处于困境中的老人来说,家庭、社区和社会制度可以为其提供支持和照料。与健康老龄化相比,积极老龄化的理论更为全面,其中最大的改变体现在强调为老年人提供健康、尊严和社会支持的同时,也注重为老年人的社会参与赋能。

老年积极社会参与涵盖经济、政治和社会生活的各个领域,而不仅仅指体育锻炼或经济生产。老年积极社会参与涵盖各生命生活状态下的老年群体，离开工作岗位以及高龄、残障、患病的老年人，依然能够成为家庭、社区和社会的贡献者。正如《积极老龄化：政策框架》所言："积极老龄化的目的在于使所有老年公民，包括那些虚弱、残疾和需要照料的，均能提高预期健康寿命和生活质量。"积极老龄化弥补了健康老龄化的缺陷，转变了关于老年人传统的消极观念，重新发掘了老年的意义——尽管老年人的身体素质和大脑机能趋于衰退，但并非传统认知中的社会沉重负担，而是被忽视的宝贵人力资源和社会资产，老年人仍然有权利平等地参与社会，仍然可以成为社会财富的创造者、社会秩序的维护者和社会发展的推动者。

二、老年社会参与：概念与范畴

（一）老年社会参与的概念

老年社会参与的概念，最早由20世纪的美国社会学家欧内斯特·W. 伯吉斯（Ernest W. Burgess）引入老年研究领域，他借用了象征互动理论对于社会参与的界定，在概念中凸显了老年公民的社会价值和老龄生命的终极意义。过往的研究主要从两个角度对老年社会参与进行了界定。

从角色视角出发，老年社会参与被定义为由老年人在正式和非正式的社会场合中所饰演的各种社会角色的集合。老年社会角色的场景也可以涵盖诸如料理家务、运动锻炼甚至饮食起居等与他人有交集的日常生活场景，只要是与他人和社会发生互动的均可视为社会参与。日本总务厅统计局发布的《平成8年社会生活基本调查报告》中将社会参与等同于"社会活动"，并划分为出于他人利益的"社会奉献活动"和出于个人目的的"社会参与活动"。

资源视角则认为，老年社会参与是在社会层面对老年个体的资源的分享。布科瓦等（Bukov et al., 2002）将社会参与定义为在社会导向下与他人分享资源的行为，并将其视为衡量老年生活质量的重要指标。依据资源种类的不同，社会参与可分为集体性社会参与、生产性社会参与和政治性社会参与等。集体性社会参与是成为团队集体活动的一员，分享的主要资源是时间；生产性社会参与是从事制造产品、提供服务等生产劳动，除了时间，被分享的资源还有技能和资历等；政治性参与即对组织或社会的资源分配决策进行表决和施加影响，时间、技能之外，社会资本等也在该过程中被分享。

纵观以上观点，国际学界对社会参与概念的表述虽然切入角度不尽相同，但可以提炼出三个核心的理念：首先，社会参与主要是在社会层面开展的；其次，社会参与不是孤立的，需要与他人发生连接；最后，社会参与应当能够体现参与者的价值。

（二）老年社会参与的范畴

目前，对于老年社会参与涵盖的范畴尚未形成共识，但一般可以划分为以下三个层次：（1）参与社会经济发展活动；（2）参与社会政治活动、社会公益活动、社会文体活动等；（3）料理家务、家庭文化娱乐活动等。通常，研究者所关注的是前两个层次的老年社会参与，本章也将着重探讨前两个部分。

1. 参与社会经济活动

老年人参与社会经济活动主要指达到法定退休年龄的老年人群，继续从事有经济收入或者其他报酬的工作或者自主创业的行为。不论以哪种形式参与社会经济活动，都需要持续的学习和创造。随着社会发展的增速，几乎所有的人都不能只靠经验参与社会生产，而是需要不断地更新自己。这听起来很可怕也很沮丧，但可能是未来我们大多数人需要面对的挑战。

"百岁时代"下的老年群体：特征、需求与赋能

随着身体机能和劳动能力的衰退，老年人离开工作岗位、退出工作角色是一个逐步和必然的过程，但法定退休年龄具备普适性。事实上，劳动能力和工作意愿不会随着退休年龄的达到而突然消失，很多离退休老年人仍然具有较强的工作能力，并且渴望继续从事工作。随着社会条件和医疗卫生技术的发展，人均预期寿命将不断延长，具备工作意愿与工作能力的老年群体呈现出扩大的趋势。根据 2010 年中国城乡老年人口状况追踪调查数据，2010 年我国城市老年人口的 13.2% 具备就业意愿，其中 63 岁的老年群体意愿最为强烈，达到 47.6%，然而同年我国城市老年人口的实际就业参与率仅为 6.7%，差异较大。同时需要注意的是，退休后的主要收入来源是社会养老金和企业年金等，部分老人有一些资产性收入，如各类金融产品的利息、房租等。收入是否稳定以及是否可以支付老年家庭的生活开支，部分决定了老人是否愿意参与经济活动。在很多情境中，老年人参与社会经济活动，可能不是自主选择，随着预期寿命的增长，这个观察将适用于越来越多的老人。

除此之外，一些老人可能选择通过创业参与社会经济活动。老年创业是一项兼具风险和收益的活动。先前创业的经验和应对困难的策略会通过影响企业家心理健康，进而对企业的发展产生影响（Uy, Foo & Song, 2013）。而老年群体因为具备丰富的工作经验和社会阅历，创业具备一定的优势。但是对于老年群体来说，选择创业同样潜藏风险。首先，创业意味着较大的工作压力和较长的时间投入（Weber et al., 2004），这对老年人的体力和精力是一个巨大的挑战。其次，高龄创业者更容易受到年龄歧视，很多投资人和合作方倾向于更为年富力强的创业者。皮尔科瓦等（Pilkova et al., 2014）认为，老年创业意愿受政府创业政策的影响很大。在我国，创业政策更加偏向于青年创业者，对于老年创业者的支持水平较低。

最后，保留老年人参与经济社会活动的权力，对于各行各业，尤其是政府、学校、事业单位等组织非常重要。目前，这些类型的机构普遍存在一个管理难题：离退休临近 5 年的员工，普遍倦怠。"等待退休，熬过时间"的情况非常常见。究其原因，这类员工觉得自己即将和职场

告别，职业发展和个人声誉甚至人脉都已经不那么重要。一旦退休，全面切割，一拍两散。但倘若退休以后，个人的职场可以有一定年限的延展，而这个延展又是出于自我的选择，人们可能需要积极维护自我形象和职业道德，在最后一些年的职场生涯中，保持良好的状态和绩效。这对个人和组织都是一件非常有意义的事情。

2. 参与社会政治活动

学者们对老年人参与社会政治活动的界定较为宽泛，主要指老年人关注时事、学习政治、参与政策宣传和政见讨论等传统意义上的政治行为，但也可以包括参与治安管理、社区建设等新型社会治理活动。

2011年发布的《中国政治参与报告》对政治参与做出了明确的界定："在中国特色社会主义民主体制下，政治参与指公民依照宪法和法律的规定所开展的各项合法的影响政治的活动，具体行为包括选举投票、参政议政、集会、游行、示威、上访等。"董亭月（2016）通过分析2010年中国社会综合调查（CGSS）收集的数据，发现中国老年公民正在进行以投票为主、政治沟通、政治工作等为辅的多元政治参与。2010年，中国老年公民的基层选举投票率约为57.2%，涵盖以关注和讨论时事为主的政治沟通、参与基层治理的政治工作以及上访等政治抗议的其他政治活动参与率达到49.7%。具有男性、高学历、经常阅读报刊、党员、团员或民主党派等身份特征的老年人参与社会政治更为积极。

3. 参与社会公益活动

参与公益活动和志愿服务的老年人群正在逐渐增加，但其占总体的比例还较小。全国老龄办主办的"老有所为"典型人物座谈会上指出，截至2015年底，中国老年志愿者人数共计2000万左右，数量不足老年人口总数的一成。各式各样的老年社会团体与民间组织，是老年人参与公益活动和志愿服务的重要渠道和支撑平台。截至2015年底，我国基层老年协会总数达55.4万，基层覆盖率达81.9%；在社区层面，城镇区域社区老年协会总数达 80436 个，覆盖率 85.79%，乡村区域社区老年协会总数达 68438 个，覆盖率达 82.1%。尽管老年组织的覆盖率相对较高，但老年群体的参与率和老年志愿项目的宣传和招募能力还有待提高。2014 年中国人民大学老年学研究所的调查显示，参与调查的老年人中有 73.84% 从未参加过公益活动或志愿服务，其中身体素质不允许的占 30.81%，缺乏指导和了解的占 24.7%，对现有活动的不感兴趣的占 13.73%。

从参与内容看，目前老年人参与较多的服务项目有聊天陪伴、保护环境、调解纠纷、治安巡逻、维持交通秩序等，并没有特定的服务对象。借鉴发达国家的经验，老年志愿者也可以成为居家养老与社区养老相结合的宝贵人力资源，老年志愿者可以奉献自己的时间、能力与资源去帮扶和照料失能、患病、贫困的老年群体，也可以和其他健康但也在某些领域需要帮助的志愿者之间互助。例如，起源于美国的"时间银行"就是典型的老年公益互助模式，志愿者将志愿服务时长存入"银行"，当需要帮助时便可从中支取。相较于青年志愿者，老年志愿者更懂得老年人自身的需求。对于老年志愿者自身而言，参与公益服务也能提高自身的幸福感和价值感，收获被他人尊重、被社会接纳的快乐。老年公益参与能够促进老年志愿者、受众和社会的三方共赢。

银龄行动，是老年公益参与的典型项目，延续时间长，参与规模大。自 2003 年起，全国老龄委倡导并组织以东部地区为主的全国大中城市的离退休老年知识分子，以各种形式向西部地区或经济欠发达地区开展智力援助行动。行动全称为"老年知识分子援助西部大开发行动"，亦被称为"银龄行动"。服务内容从医疗卫生为主向农业科技、文化教育等领域拓展，覆盖范围也从最初的 5 省份试点拓展至 31 个省份，并且形成常态化的援助机制。2019 年，"银龄行动"的主题是"健康扶贫"，由全国老龄办委托，中国老年学会和老年医学学会承办，招募老年医疗专家志愿者深入贫穷社区开展疾病筛查与义诊，到贫困地区的乡镇医院宣讲医疗与保健知识，同时对乡镇医生、"赤脚医生"进行培训。这群平均年龄超过 65 岁的老年志愿者，对 2020 年脱贫攻坚目标的实现,以及积极老龄化与健康老龄化事业的发展做出显著贡献。

4. 参与社会文体活动

随着物质生活水平的不断改善,现代老年人不再满足于吃饱穿暖的基本需求,还需要充实的精神文化生活。参与文艺、体育等以精神享受为主、不以物质报酬为目的的社会活动,是老年人丰富精神世界、满足心理需求的重要方式。老年文体活动包括:参加老年大学及各类教育机构的学习活动、参与各种文体社团和参与社区的老年文化体育艺术活动、参与各种学会、协会及研究机构的交流研讨活动等。老年人参与文体活动,既能学习到绘画写字、唱歌跳舞、摄影雕塑等艺术知识与技能,培养兴趣爱好,还可以锻炼思维、提升学习与沟通能力,延缓认知衰老,同时也能增进与同龄人及社会的接触与交流,结识同好,满足社交需求,开阔视野,防止思想僵化和心理封闭。

三、老年社会参与的理论基础

有关老年社会参与的理论进一步解释了老年社会参与"为什么"和"是什么"的问题,为政策制定与实施提供理论基础和指导。梳理既往老年社会参与的理论,能够为老年社会参与的研究与实践提供支撑与启迪。

(一) 角色理论

20世纪初,社会学家G. H. 米德(G. H. Mead)将"角色"一词引入社会心理学领域,以此表述人的社会化行为。社会角色,是个体所处的社会地位及与之匹配的符合社会期望的行为模式的集合,每一种社会角色都对应着一种行为模式。一旦个体饰演某一角色,社会中的他人便自动以相应的标准对其进行评判。丧失社会角色将给个体带来生活危机,在各个社会情境中,人们都期望建构与拥有属于自己的社会角色。

角色理论从老年人社会角色的变化与调适角度切入,用"角色退出"阐释"丧失"对老年期的影响,阐释了老年社会参与的动机与意义。老年期的退休以及丧偶等,意味着人生的两个主要社会情境——工作或婚姻及其对应的社会角色的丧失。并且,这种社会角色的丧失不同于其他年龄阶段的角色变换和延续,是无法逆转、继续和弥补的。这种角色退出可能导致老年人的情绪问题和心理失衡,进而损害生理健康。因此,根据角色理论,老年人适应衰老的方法,一是认可与接纳必然发生的角色转换过程;二是在积极参与社会的过程中寻找和构建新的次级角色。

(二) 社会交换理论

20 世纪 60 年代的社会交换理论认为,人类所有行为均受到能够带来奖励和报酬的交换活动的支配。1981 年,苏联学者多德(Dond James J.)首次将社会交换理论引入老年研究视域,从权利与资源不平等的视角解析老年社会参与。该理论以功利主义和行为心理学为基础,主张个体均拥有不同于他人的需求与资本,而社会参与正是通过资本交换来满足自我需求的行为。

第二次老龄问题世界大会的《政治宣言》写道:"老年人掌握的资源和拥有的潜力是未来发展的强大基础,这使社会能够越来越多地依赖老年人的技能、经验和智慧。"根据社会交换理论,由于老年人掌握独特的资源,其参与社会交换成为一种必然。随着工作能力的衰退和组织职权的移交,老年人可掌握的资源也随之萎缩。由于可资交换的价值减少,老年人只能接受社会地位的下降,扮演从属和依附的角色。但随着科技进步,各项活动对身体素质的要求降低,老年人在长期社会实践中练就的洞察能力、判断能力、分析能力等,以及在长期生活中积累的物质财富,都成为可资交换的宝贵资本,得以保持在社会互动中的独立与价值。

(三) 活动理论

活动理论又称为连续理论,由美国学者罗伯特·哈维格斯特提出。被引入老年研究领域后衍生了老年持续活动理论,这一理论认为个体延续性的行为模式将更有利于老年人进入新的社会角色。老年人和其他年龄层次的群体一样,都应当积极参与社会,唯此才能建立自信,保持活力。

根据活动理论,老年人群应该尽可能长地延续早年间的生活模式,继续坚持良好的习惯和爱好,人们仅需要保持自己所需的社会参与水平,就能得到最大的幸福感与自尊感(Whitbourne,2001)。霍拉汉等(Holahan et al.,2002)的研究发现,对于那些高度活跃和社交性很强的人,如果在进入老年期后仍能尽量保持社交活动,就会感到快乐;而对于那些喜欢安静和独处的人来说,如果能继续从事类似于读书、散步这样的活动,也将非常快乐。

(四) 符号互动理论

符号互动论,又称象征互动论,由美国社会学家米德(G. H. Mead)创立,并由他的学生布鲁默(Herbert Blumer)于1937年正式提出。符号,指具有象征意义的物质或事件。符号互动理论,认为事物对于人类社会行为的影响,并不源于事物本身的功能,而在于事物蕴含的象征意义。而个体对于事物象征意义的认知,形成于与他人的互动之中。符号互动理论在老龄化研究中,常用于探讨社会环境与老年个体的相互作用,衍生的理论分支涵盖象征性相互作用理论、标签理论、社会损害和社会重建理论等。

象征性相互作用理论认为,环境、个体及其相互作用塑造了老年个体的自我认知。开放、包容、支持的外部环境,以及老年个体的积极参与,会共同营造良好的社会氛围,有利于进一步为老年人群融入社会扫清障碍，提振老年个体的自我价值感。反之，则容易使个体在晚年丧失生活信心，陷入消极情绪。因此，创设良好的社会氛围和营造支持性的政策环境，以及鼓励老年个体积极参与，是实现"积极老龄化"的有效措施。

标签理论认为，人们对自身的看法会受到社会环境的影响，在与他人的交往中通过他人或者环境获得自我认知。换言之，人们是根据他人对自己的态度、评价来定位自身的，一旦环境或者他人把我们归入某种范围，并反复强调这些信号时，人们便会下意识地"对号入座"，做出该类范围中人们期待的行为表现，最终内化成自我认知。例如，如果社会大众普遍认为老年人丧失了劳动能力，对社会没有什么积极作用，是沉重的社会负担，就容易使老年人形成消极的自我认知，陷入自我封闭、自我否定。

社会损害和社会重建理论，亦由符号互动理论所衍生。该理论认为由于刻板印象、固有偏见的根深蒂固，老年人群正常的行为与情绪反应，可能会被错误识别为过激、失当甚至是病态的反应，进而损伤甚至破坏老年个体的自我认知。陷入自我否定的老年个体，或完全封闭自我，或完全依赖他人，或丧失融入社会、自力更生的意愿。社会重建理论，则期望通过重塑支持性的生存环境帮助自我认知受损的老年个体重拾自信，从细微的环境改善入手，促进个体与环境的良性交互。

符号互动理论及其派生理论，启发我们要创造老龄或者说相对年长友好型的社会环境，摒弃对老年人的歧视与偏见，形成正视年龄的良好氛围，驱散老人内心的孤独感和失落感。同时，政府需要制定切实可行的政策措施，为老年社会参与提供必要的平台和保障，使老年人对社会的积极意义成为普遍共识并得到重视与开发，之后逐渐形成一种良性的、积极的自我认知。

四、老年社会参与的价值与意义

世界卫生组织发布的《积极老龄化：政策框架》指出，当健康、劳动力市场、就业、教育和生活政策支持积极老龄化时，老年社会参与将在若干方面发挥积极作用。

(一) 促进老年个体身心健康

积极老龄化的理论认为，应当保障老年人社会参与的权利，这不仅是老年公民的强烈诉求，也是其身心健康的重要条件。心理学家马斯洛根据行为科学理论分析得出结论，人在老年阶段的"自我实现"欲望最为强烈、最想被满足，他们渴望努力发挥自己的潜能，成为期待中的理想人物。一系列科学研究也印证了社会参与对于老年个体身心健康的积极意义。

大部分的国外研究聚焦于老年社会参与对于心理健康的影响或包括身心健康和社会支持在内的广义健康。例如，格拉内（Graney，1975）的研究发现，参加各类社会活动有助于提升老年人的生活幸福感，尤其对于缓解抑郁和孤独情绪效果明显。西尔文等（Sirven et al.，2008）通过分析2004年欧洲SHARE项目的数据，发现在50岁及以上的群体中，社会参与对于健康的贡献显著。除此之外，有研究表明，参与社会活动较多的老年人，具备着更强的认知功能（Gleida et al.，2005）和更好的身体机能（Jang et al.，2004）。在中国国情下开展的研究也支持了社会参与和老年健康间的正向关系。曾毅（2014）等的研究发现，积极的老年社会参与可以引发较低的残障发生率、较少的认知功能障碍和更低的死亡风险。张冲等（2016）基于对2011年"中国健康与养老追踪调查"全国基线调查数据的分析发现，社会参与可以提升老年群体的日常生活能力，调控抑郁情绪。

(二) 开发老年人力资源，促进社会经济发展

老年社会参与对于经济社会的持续发展意义重大。一方面，老年群体的社会参与可以使社会用于保障和医疗的支出得到适度的控制，有更

多的资金可以用于再生产；另一方面，老年群体在实践中积累的知识、技术和经验是一笔珍贵的无形资产。此外，老年管理和经营人才不仅具备丰富的经验、能力和眼界，能够为企业发展出谋划策，还拥有发达的社会关系网络及渠道，在业界和员工中具有威信。目前老年就业集中于制造业、专业技术和行政工作领域。早在 20 世纪 80 年代，奥地利老年人在上述两个领域从业人员的占比已达到 36% 以上。但需要注意的是，对于老年人力资源的开发，不能沉迷于单纯的经济指标。大多数人，在退休后，即便是参与社会经济活动，在经济收入和职级方面，应该很难达到退休前的水平。在这个阶段，社会评价、自我评价等也占据了一定的权重。

（三）推动老龄政策完善，提高社会治理水平

宽松积极的政策环境会鼓励老年群体的政治参与，这将使得政策制定者对老年群体的诉求和关切更为重视，进而推动关于退休年龄、养老金和老龄产业发展建设等相关政策的出台与完善。老年人数比例的逐步增长，使得老年群体将发挥越来越重要的影响力。与此同时，老年政治参与作为"积极老龄化"的"参与"部分的重要方面，不仅直接影响老年个体的健康、生活质量和尊严，也是扭转社会歧视和弥补政策缺陷的重要要求。此外，不少老年人以担任社区志愿者、参与民间组织，竞选居委会成员或村干部等形式参与基层治理活动。在应对社会转型期繁多的基层工作，如环境治理、安全生产、社会治安、拆迁安置等问题上，老年人具有充沛的时间与独特的优势。一方面，老年人具有丰富的处世经验和阅历，对当地的人际关系和人情世故较为熟悉，善于权衡利弊，所提出的意见和建议更能够被接受，可以因势利导地化解纠纷矛盾；另一方面，老年"精英"或"乡贤"等在长期的工作和生活中，同周边居民的交往和联系较多，积累了大量的社会资本，具有一定的威望和信誉。

(四) 传承民族历史文化，推动科学文化进步

老年人是民族传统文化的实践者和传播者，也是科学研究、理论发展的引领者和贡献者。在经济飞速发展的现代社会，越来越多的文化遗产和历史记忆濒临消亡，而老年人作为民族文化、地域文化、家庭文化的传承者以及历史的亲历者，积极参与社会精神文化活动能够对民族的文化和历史起到保护与传播的作用。其在参与社会中的言传身教也对社会的文化氛围和青年的精神世界产生着潜移默化的影响。在文化科技领域，老年科研人才和老年技术人才具备着深厚的积累、宽广的视野，继续从事科学研究、技术研发工作或参与人才培养，将是文化科技事业的宝贵财富。

五、老年社会参与的影响因素

老年人具备自身特殊的生理状态、心理特点及由此产生的利益需求，同时在社会参与中会不可避免地与他人和环境发生互动。因此，老年人的社会参与不仅受到主观意愿的影响，也受到客观环境的限制。

(一) 年龄和健康状况

无论进行什么领域的社会参与，都必然要以一定的身体条件和思维能力为基础。随着年龄的增长，健康素质和认知能力的衰退无法避免，由于健康是人力资本的重要维度，所以衰老可能会导致人力资本的贬值，降低市场竞争力。此外，健康状况会直接影响人们对于工作和闲暇时间的偏好（Grossman，1972），如果健康状况恶化，人们倾向于减少工作时间或彻底退出工作。但需要认识到不同个体的衰退速度并不一致，不可一概而论。除了实际的身体状况，年龄对社会参与水平的影

响，可能与企业等的用人单位甚至社会组织的歧视有关，他们可能在年龄上为老年群体设置无形的障碍，以规避潜在的用人风险。

（二）个人性格和意愿

个性，是个体在思想、性格、情感、态度等方面区别于他人的特质，言语、行为、情绪等便是个性的外化。人的个性特征中所包含的理想、偏好和性情，影响和决定着个体的人生的风貌。事业心和进取心较强、社会责任感较强的老年人，即使到了退休年龄仍会有强烈的社会参与意愿，这样的个性将会激励老年人继续发挥余热，完成自己的追求。另外，根据活动理论，早年间的生活状态在老年时期很可能会继续得到保持，包括从事的工作、业余爱好、生活习惯等。如果早年性情开朗、乐于交际、喜欢参与各项社会活动，老年期也会倾向于保持和社会的互动与联系；而如果此前性格内向、喜欢独处、追求安静，老年期大概率也不会热衷于交际和集体活动。

除了性格，意愿也非常重要。有的老年个体具有强烈的参与社会的意愿，那么当有机会的时候，就会勇于接纳和学习新鲜事物。例如，从2018年年底短视频赛道开始爆发增长，新媒体主播和短视频的主角中，不乏老年人的身影。他们或者直播日常的生活，或者带着在线的网友了解当地的风土人情、名胜古迹，或者和年轻人一起，传递健康时尚的生活方式。这些老人都是具有强烈社会参与意愿的人，当这种意愿与社会风潮产生碰撞，就会衍生出新的社会参与的模式。

（三）家庭经济状况

经济因素对老年社会参与的意愿和内容均有较大影响。退休工资的水平以及子女的经济情况也在一定情况下决定了老年人参与社会经济活动的意愿。一些老年人希望继续参加工作获取收入，以补贴家用，也起到缓解子女赡养压力甚至给予子女经济支持的作用。现阶段而言，家庭经济状况的改善，会降低老年人群参与社会经济活动的意愿（陆林 & 兰竹虹，2015）。我国第四次、第五次和第六次人口普查的结果表明，随着社会经济的整体改善，我国城市老年人就业率从1990年的17.0%下滑至2000年的10.1%，2010年进一步降低为6.7%。如果家庭经济状况较好，无需为生计担忧，老年人参与社会经济活动的意愿会降低，但可能更有精力与兴趣去参与公益、文化体育等事业。而一些老年人如果仅是从事普通的体力劳动，也可能导致社会参与的年限缩短，因为繁重的体力劳动可能对健康造成损害。

（四）知识技能水平和工作背景

老年人所拥有的知识技能水平以及工作背景对于老年经济活动和政治活动参与的影响尤为显著。知识技能丰富的老人的社会参与范围广、参与时间相对较长，所参与的活动和工作也多为知识密集型的，如从事学术研究、公司顾问等。在参与社区工作或志愿服务中，文化水平高的老人更有可能利用自己的学识、能力包括社会影响力，成为领导者或骨干力量，继续发挥其组织和协调的能力。而知识技能相对欠缺的老人，可以从事体力密集型的劳动或服务。

工作背景同样影响着老年人社会参与的领域和参与的形式。结合活动理论分析：老年人群在进入老年期后，仍然会保持之前的工作与生活方式惯性。工作经历所带来的知识、技能与经验的积累同样具有连续性，对其进入老年期后的意愿、偏好与能力影响深远。老人在退休后的社会参与特别是再就业中，大多数会选择与其原行业或原职位相关的工作和活动。

（五）社会舆论环境

社会舆论环境，指在特定社会中的人们的主流观点、情感、意志和价值判断等。个体浸润在社会舆论环境之中，在与他人的互动中几乎时刻接受与传播着舆论信息，他们的认知和行为也都在潜移默化地被影响着。如果整个社会都保持着对老年人社会参与的积极态度，通过各种宣传渠道鼓励、支持老年社会参与，这样就会形成好的社会参与环境。反之，如果社会舆论普遍认为老年人是社会和家庭的包袱，除了彻底脱离社会角色、回归家庭含饴弄孙、安心养生外并无其他价值，将会极大地伤害老年人群的自尊、自信和感情，这样的环境会抑制社会参与。

（六）社区硬件与服务品质

作为老年人群最主要的社会活动场所，社区的硬件设施及服务品质直接影响着老年社会参与的程度与效果。开阔、安全、适宜的环境与设施，是社区老年活动正常开展的物质前提。而广泛积极的动员、开放宽容的姿态，则有助于激发老年居民对于参与社区治理、公益事业和文体活动的热情。老年服务品质较高的社区擅长挖掘和培养老年活动组织人才，积极协助社区老年人组织兴趣团体和志愿者团体等，并为其提供丰富的社区事务参与机会，如选拔老年人担任社区楼栋长、社区调解员等工作岗位，开展低龄老人关怀高龄老人的志愿活动等。在服务、管理开展较好的社区，治安巡逻队、志愿者协会、文艺体育组织乃至居委会，都不乏老年居民活跃的身影。

六、老年社会参与的难点及对策

老年社会参与水平的提高，受到社会层面和个体层面两个方面因素的制约，既有社会政策、舆论环境与管理水平的原因，也有老年人口自身条件不适应社会发展需要的原因。

（一）老年社会参与的难点

1. 社会层面的原因

（1）劳动力市场供需不匹配。

产业结构与老年劳动力特点的不匹配是造成老年劳动力市场供需失衡、老年社会经济活动参与率低的重要原因。一般而言，第一产业涵盖农林牧副渔经济部门；第二产业包括工业和建筑业；第三产业为服务业和互联网产业，包括贸易物流、生产服务、科教文卫、公共事业。从劳动的性质和强度来看，第一、第二产业和第三产业中的前两个层次以体力劳动为主，劳动强度较大；第三产业中的后两个层次则更突出脑力劳动，劳动强度相对可控，身体机能衰退但晶体智力达到高峰的老年工作者更能胜任。

现实中，由于我国城镇化水平不高、产业结构升级刚刚起步，更多的老年劳动力集中在农村地区，集中于第一产业。我国第五次人口普查的数据显示，91.18%的老年劳动者从事第一产业，从事第二、三产业的老年劳动者分别占比2.91%和5.91%。由于农村的产业结构目前较为单一，居住在农村的老年人往往只能被迫从事第一产业。但在产业结构较为丰富的城镇区域，如果仍出于外在的原因，如老年就业制度不健全、企业年龄歧视等，将老年劳动者限制在体力要求较高的行业中就业，将使得老年的社会参与年限较短、社会参与率不高，也不利于发挥老年人力资源的优势。

（2）老年民间组织尚不成熟。

尽管老年协会等组织的覆盖率已达80%以上，但其管理老年志愿者和开展活动的能力较弱，内部运行机制不够成熟。《中国城乡老年群众组织研究报告》显示，许多基层老年协会没有固定的办公地点和活动场所，三成以上的协会很少甚至基本不开展活动，经费短缺也是普遍面临的困难。种种困难的根源可能在于，老年民间组织的性质、法律地位乃至管理运作的标准尚未得到明确。有的地区将其视为独立的民间自治组织，由民政部门监管；有的地区则将其设为老龄委的下辖机构，由老年干部任领导；还有的地区将其挂靠在既有的一些协会下作为二级协会接受治理。混乱、模糊、权责不明、经费不足，使得老年民间组织未能充分发挥应有的促进作用。

（3）社会与企业对老年的歧视。

老年歧视，指个体、组织和社会对老年群体无端产生或没有合理理由的偏见、刻板印象和差别待遇。企业中普遍存在的年龄歧视已经成为一个热点话题，该现象不仅在以体力劳动为主的工作岗位中存在，在互联网等高新技术产业的知识密集型岗位也十分严重。很多招聘者和管理者受刻板印象的影响，认为老年员工对新技术比较抵触、事业心较弱，并且老年女性工作者相比男性更容易接收到上级和同事的负面反馈。同时，企业可能会对老年人需要的灵活性有所排斥，例如工作时长和方式的灵活性。尤其是企业在经济方面有压力的时候，因为灵活性往往意味着比标准化更高的成本。

随着职位和资历增长的收入预期也是重要因素，对于初入职场的年轻人，他们往往要求更少的劳动报酬和更短的休息时间。企业和其他组织对于老年人的歧视也有工作性质和规避风险的考量：部分工作需要加班熬夜，但不是所有老年人都能胜任。依据现行的劳动政策，退休后的老年员工无法投保工伤保险，万一在工作场所受到意外伤害，可能需要企业自行承担赔偿责任。即便是公益组织，出于类似的原因，也更倾向于吸纳精力充沛的年轻志愿者。是否受到歧视，在现实层面，似乎已经转嫁到老年人自身的议价能力上面，这种趋势是否还会延续，取决于方方面面的因素，我们期待越来越多的企业在这方面有所实践和收获。

（4）法律法规与制度建设滞后。

中国属于典型的"未富先老"国家，人口结构老化的进程超前于经济社会发展水平，为老年社会参与服务的法律法规和制度建设也相对滞后。以退休制度为例，我国目前执行的法定退休年龄仍参照1978年制定的《国务院关于安置老弱病残干部的暂行办法》和《国务院关于工人退休、退职的暂行办法》中的条款，将男性年满60岁，女性年满55岁作为一般的法定退休年龄，仅针对部分地区和部分人群出台了弹性退休政策。而这个规定的波及面并不仅仅在于想要寻求固定工作机会的老人，对于一些看似更适合老人的兼职职位，同样受到年龄的限制。例如，滴滴快车司机的注册条款里规定的年龄上限，男性为60岁，女性为55岁。除此之外，政府可能需要给公众提供一个大致的退休时间框架，这样有助于全体民众作出相应的计划和安排。

同时支持老年人退休后再就业的劳动政策也有所空白。依据现行制度，老年人只能与企业建立不受《劳动合同法》保护的劳务关系，不能享受带薪年假、未签劳动合同双倍工资以及解聘补偿等福利待遇。在老年人社会参与的其他领域，也存在着类似的空白，引导、保障和激励老年人参与社会各项政治、经济和文化等活动的政策还不完善。卫健委发布的《2018年中国卫生健康事业发展统计公报》显示，我国居民人均预期寿命已经由2017年的76.7岁提高到2018年的77.0岁。为应对变化着的人口结构和社会现实，更具普适性的延迟退休政策，以及更人性化的退休后再就业的配套政策应当尽快出台与实施。

2. 个人层面的原因

（1）身体素质与健康状况不佳。

一定的身体条件是参与任何领域的社会活动的基本前提。当前，我国老年群体的医疗卫生知识素养与自我健康管理能力还有待提高。2019年3月，中国疾控中心发布的数据表明75.8%的中国老年人口至少患有一种慢性疾病，且多病共存现象较为普遍。在所有的被调查者中，58.3%的患有高血压，19.4%患有糖尿病，37.2%的血脂异常，其他常见疾病还有心脑血管疾病、慢性呼吸道疾病等。慢性病的发生除与遗传因素和环境影响等相关，也与不健康的生活习惯如久坐、饮食重油重盐、较少的运动锻炼等因素有很大关系。慢性病的病程较长、难以治愈，这使得老年患者的身心蒙受极大折磨，严重损害工作能力和生活质量。研究者表示，由于巨大的人口基数，中国老年人口的慢性疾病导致的医疗与社会保障负担，远远高于美国、英国、日本等高收入发达国家。

(2) 知识技能储备与更新不足。

社会活动的参与，尤其是社会经济活动的参与对于老年人知识技能储备与更新的要求较高。2016年发布的《中国劳动力技能缺口报告》指出，我国劳动力市场存在着严重的供需错配。高技能劳动力供求缺口日益增加的同时，企业普遍存在国际化管理人才和战略设计人才短缺的问题。其中，按照年龄层次划分，失业风险最高的三类劳动力群体是：16~29岁的青壮年农民工、22~24岁的大学应届及往届毕业生和45岁以上的工作者。在社会参与的其他领域，老年人也应当树立终身学习的观念，这是融入与适应现代社会的重要策略和手段。如果老年人故步自封，放弃了解和学习新知新事，就会与社会脱节，无法享受现代社会所带来的各种生活乐趣和发展红利。

(3) 社会参与的意识与动力不强。

结合符号互动理论的相关观点，老年人如果长期处于被歧视和被忽视的社会环境中，受到老年人应彻底退出社会领域、放弃社会角色，回归家庭颐养天年的传统认知的影响，就很可能形成消极的自我认知，给自己贴上社会负担、没有价值、只属于家庭的标签，进而会丧失参与社会的信心，具有畏难情绪，不去行使和争取自身平等参与社会的公民权利。还有一些老年人没有意识到社会参与对延缓衰老、增强心理满足感、实现自我价值等的积极意义，认为重新参与社会经济、政治、文化和公益等活动纯粹是一种负担，社会参与的动力不强。

（二）老年社会参与难点的对策建议

个人因素和社会因素都可能对老年社会参与形成制约，并且这些因素不是单独作用的，而是互相影响、共同作用于老年社会参与的意愿和行为。因此要减少不利因素对老年社会参与的影响，需要政府、社会各方和老年群体自身的协力。

1. 政府主导，创造社会参与条件

各国政府在应对日益严重的老龄化挑战中承担着关键责任。2002年于马德里召开的第二届世界老龄大会的《政治宣言》指出："政府在促进、提供和保证老年人获得基本社会服务和关注老年人特殊需要方面，承担主要责任。"同年，在北京召开的第四次全国老龄工作委员会提出了"党政主导，社会参与，全民关怀"的老龄工作指导方针，明确指出政府在促进老年社会参与中应担负的职责：政府有责任通过各项综合举措消除年龄歧视，为老年人参与社会创造宽松的社会条件并提供文化引领、物质保障和政策鼓励，具体有若干努力方向。

（1）宣传和发展"积极老龄化"的理念。

当前，我国公民对于老龄化社会和老龄化群体的认知尚不深入，"积极老龄化"的理念暂未普及。"老年无用论"和"老年负担论"在民间仍然占据主流，这种观念甚至在老年群体内部也普遍存在，所以加强"积极老龄化"理念的宣传尤为重要。一方面，应通过各种形式的科普使公众理解人口老龄化对于社会和个人生活的深远影响，接纳与认可老年群体独特的价值和平等参与社会的权利，进而推广"积极老龄化"的理念；另一方面，应充分发挥基层老年民间组织的作用，引导、动员和鼓励老年群体突破陈规陋习的束缚，在社会中实现生命价值，收获财富、尊严与幸福。

（2）完善老年社会参与的社会配套机制。

老龄友好型的社会制度环境是促进老年社会参与的重要前提。政府可以从老年社会参与的阻碍因素入手，针对性地出台政策建议和行政举措，并且联合企事业单位及老年民间组织等社会力量，为促进老年人力资源的利用搭建协作平台。

首先，加强老龄化科研领域的政策性导向，提高实践性和适用性，为不同特征的老年群体的政策制定提供决策依据。如可依据受教育程度的差异，探究不同老年人力资源的开发程度与可塑性、合适的开发方式以及能够达到的效果。

其次，各级政府应当充分认识到老年人力资源的巨大潜力与开发价值，要把老年人力资源纳入其人力资源开发的总体规划，兼顾充分开发与合理使用。尽快完善终身学习体系，以老年人群个性化的发展需求为导向，开展老年教育。此外，应该有差别、有组织、有针对性地利用老年人力资源，利用老龄群体化解老龄社会问题，使老年社会参与事业运行在规范、有序的轨道之上。同时，政府应为老年人力资源的开发提供必要的财政经费、政策利好，如加大老年教育的预算投入、对积极雇用老年员工的企业减税等。

最后，着力解决"一刀切"法定退休年龄导致的老年人力资源浪费问题，通过鼓励企业返聘、优化养老金制度、完善老年人才市场、提供税收支持等举措，控制隐性退休问题和退休年龄的不断提前，对于渴望创业、再就业的老年个体，应当给予其所需的职业技能培训与资源政策支持；此外，在社区治理与建设中，要赋予老年人参与的机会，对促进老年社会参与得力的组织及"老有所为"的个人予以表彰和鼓励。

（3）出台保护老年人合法权益的法律法规。

保障老年公民的平等社会权益，需要"有法可依"。当前，我国在保护老年劳动者平等就业权利方面的立法依然空白，不利于为促进老年劳动力就业提供法治保障，也给企业合法依规开发老年人力资源造成障碍，同时不利于减少职场中的年龄歧视现象。为此，立法机关可研究并出台保护老年劳动者权益的法律法规，为企业解决老年劳动力的雇佣、待遇、税收等问题提供明确依据，也为老年劳动者捍卫平等权益提供依据。同时，还应从法律上保障老年人的社会政治、文化与公益参与，保障他们的合法参与权。

2. 社会支持，搭建社会参与平台

社会支持，在社会治理中指特定社会网络中各个主体无偿帮助弱势群体的行为的总和，包括来自他人（家庭成员、邻里、朋友等）和社会各方（社会团体和社会组织等）的支持。

(1) 重视社团组织支持。

随着我国经济体制和社会治理模式的改革，社团组织在社会各领域中的职能和影响力不断扩大。老年社团组织，是以老年工作为内容、以老年需求为导向，或以老年人群为主体的非政府社会组织，如老年协会、老科技工作者协会、老年学会、老年志愿者团体等。老年社团组织可提供多样化的服务和活动内容，如教育、社交、康复、照料、信息等多层次的服务和文学、艺术、体育、环保等丰富的活动，帮助老年人拓宽社会参与的宽度，加深社会参与的深度。老年社团可以为老年社会参与提供物质支持，如活动场所、活动经费等。此外，社团组织有助于实现"以老养老"，使老年社会参与真正成为老龄事业可以依靠的支柱。社团组织相比官方机构运作更为灵活，更贴近老年人生活实际，能够依据老年人不同的文化程度、工作背景、特长技能及社会参与动机等，分配给他们与自身利益和意愿匹配的社会工作，这有利于吸纳更多的低龄、健康老人参与。

(2) 加强社区支持。

随着老年人离开工作场所和身体机能的下降，活动范围不断缩小，社区成为家庭以外日常活动的最主要场所。所以，开展社区老年活动，将社会参与的平台设置在老年居民住所的附近，为其提供便捷的渠道和亲切的空间，是最为实际和有效的做法。一方面，完善社区基础活动设施，为老年活动提供合适的场地与器材，如社区公园、图书馆、健身器材、运动场地、休闲娱乐室等。居民较多的社区应修建集老年教育、锻炼健身、社交娱乐、医疗咨询等多功能为一体的老年活动中心，为其提供高水准、多层次的社区参与平台。另一方面，要在社区中积极组织和开展老年活动，动员健康老人积极参与社区建设与管理，充分发挥社会参与意愿强的"有为"老人的带动作用，肯定与奖励老年居民的贡献。

(3) 鼓励企业参与。

随着劳动人口年龄结构趋于老化，企业应当重新审视老年人力资源的价值。首先，要意识到并不是所有行业和岗位的员工都是年纪越轻越胜任。在律师、医生、教师和高级技工等经验导向的行业，员工的资历越老，越能应对复杂的任务挑战。一些服务、行政、运营类的工作岗位的劳动强度不大，对于交际沟通和统筹归纳等能力的要求更高，而老年员工往往更细致耐心、更精通人情世故。其次，要注意和青年员工相比，老年人力资源具有投入少收效快、稳定不易流失的优势。尽管年轻人精力较为充沛，更易接受加班、出差等体力消耗较大的任务，但往往离职率也较高，一旦离职企业的前期培养投入清零，团队的稳定甚至项目的进度都可能受到影响。而老年员工更喜欢稳定熟悉的工作环境与工作内容，不易离职。

除了审视老年人力资源的价值，企业还应当切实采取措施，扭转职场年龄歧视的文化，注重经济效益与社会效益的统一。首先，企业要进行合理的岗位设置，根据老年人体能素质衰退、工作经验丰富、社会网络广阔等特征，设计适合老年员工的岗位，充分发挥老年人力资本的优势。其次，企业要改良用工制度，以应对老年员工可能存在的体力不足的问题，如一事一聘、工作分担、岗位劳动分工、一岗多人、非全日制和弹性工作制等灵活的用工制度，对于一些特定的岗位还可以允许老年劳动者借助现代通信技术和信息平台进行远程办公。除此之外，企业可以采取对员工进行职业生涯规划培训、建立科学柔性的薪酬福利与绩效管理制度、增强人文关怀反对歧视、打造良好的职场人际氛围等措施开发和利用好老年人力资源。

3. 老年个体自我赋能：能力与意识

政府的引导与社会的支持，仅能为老年社会参与提供外部支持。提高老年社会参与水平的关键点在于老年社会参与的主体——老年人本身。只有老年公民自身具备相应的健康素质与知识技能，有意愿，并以自信开放的姿态拥抱世界，才能从根本上提升老年社会参与率。

（1）加强健康管理。

健康，既是老年社会参与的重要基础，也是老年人的基本权利；维护和促进健康，不仅是社会与公共卫生部门的职责，也是老年个体需要承担的责任。自我健康管理，即对自身的健康信息与风险因素进行自主关注、自主预防和自主干预。老年健康管理不只局限于防治慢性病，而是涵盖生理、心理和社会三个方面。老年自我健康管理与老年社会参与相互促进，通过社会参与，老年人可以构建更丰富的社会网络和支持体系，获得更多的健康管理资源与动力，同时，卓有成效的自我健康管理也将大大提升老年社会参与的能力。

（2）终身学习发展。

终身学习持续和贯穿人的一生，是社会成员适应社会、完善自我的重要途径。不仅参与社会经济活动需要不断更新知识技能储备，在政治、文化等社会生活的其他领域，掌握新知、与时俱进、学以致用对于老年人充分行使社会参与权利，享受社会发展红利也至关重要。学习不简单地等于"上课"或"看书"，它泛指一切由经验引起的持久的行为或行为潜能的变化。只要不一味拒绝新鲜事物与知识，排斥与社会和他人接触，不论是在老年大学的课堂上，还是在社区的社会实践中，抑或是在与朋友的人际交往以及各种媒介的娱乐中，老年人都可以有所学习与成长。

（3）更新价值观念。

以主张老年彻底脱离社会的解脱理论为依据的传统老年观曾经占据主流，时至今日仍有部分老年人受到这种价值观念的影响。首先，老年人应当摒弃"老年无用论"的错误观念，意识到自己仍然能在很多领域有所作为。或者说，即便不创造经济价值，老年个体的存在对于自我也是非常有意义的。其次，老年人应该意识到积极的社会参与对个人身心健康乃至社会发展具有重要意义。最后，老年人要意识到社会参与的空间十分宽广，不仅包括从事再就业和创业等社会经济活动，也不局限于以娱乐休闲、运动锻炼为主要目的的文艺体育活动，还有参与政治生活、社会治理、公益活动等多样化的参与方式。

参 考 文 献

[1] 曾毅. 中国老年健康影响因素跟踪调查（1998~2012）及相关政策研究综述［C］. 世界老年学与老年医学大会中韩论坛. 2013.

[2] 董之鹰. 21世纪老年人口价值观的变化与发展——构建老年社会角色转换价值的理论研究［C］. 中国人口学家前沿论坛. 2006.

[3] 杜智萍. 老年教育：建设学习型社会的重要环节——日本的经验和启示［J］. 成人教育，2006（12）：93-95.

[4] 范方春，吴湘玲. 老龄问题的相关概念界定：争议与一种可能的理论解释［J］. 老龄科学研究，2019（3）：50-58.

[5] 韩青松，老年社会参与的现状、问题及对策［J］. 人口与社会，2007，23（4）：41-44.

[6] 何纪周. 我国老年人消费需求和老年消费品市场研究［J］. 人口学刊，2006（3）：49-52.

[7] 黄毅，佟晓光. 中国人口老龄化现状分析［J］. 中国老年学杂志，2012（21）：249-251.

[8] 李德明，陈天勇，李贵芸. 空巢老人心理健康状况研究［J］. 中国老年学杂志，2003（7）：405-407.

[9] 李德明，刘昌，李贵芸. 认知老化模型的研究［J］. 心理学报，1999，31（1）：98-103.

[10] 李德明，孙福立，李贵芸，等. 教育因素对认知功能年老化过程的影响［J］. 心理学报，1995，27（2）：219-224.

[11] 李建民. 老年人消费需求影响因素分析及我国老年人消费需求增长预测［J］. 人口与经济，2001（5）：10-16.

[12] 李建新.老年人口生活质量与社会支持的关系研究［J］.人口研究，2007（3）：52-62.

[13] 李洁.老年教育理论的反思与重构——基于西方现代老龄化理论视野［J］.开放教育研究，2015（3）：113-120.

[14] 李鸣.老年抑郁症的心理社会因素研究［J］.中国心理卫生杂志，2004，18（4）：254-256.

[15] 李学书.中外老年教育发展和研究的反思与借鉴［J］.比较教育研究，2014（11）：54-59.

[16] 刘昌，李德明.成功的老年——近期老年学领域一个新的研究主题［J］.心理学动态，1995，3（1）：7-12.

[17] 刘超，卢泰宏，宋梅.中国老年消费者购物决策风格的实证研究［J］.商业经济与管理，2007（2）：60-64.

[18] 刘超，卢泰宏.21世纪中国老年消费市场解读［J］.商业经济与管理，2005（11）：24-28.

[19] 刘仁刚，龚耀先.老年人主观幸福感及其影响因素的研究［J］.中国临床心理学杂志，2000（2）：12-17.

[20] 刘颂.积极老龄化框架下老年社会参与的难点及对策［J］.南京人口管理干部学院学报，2006，22（4）：5-9.

[21] 刘稳，徐昕，李士雪.基于SWOT分析的"医养结合"养老服务模式研究［J］.中国卫生事业管理，2015，32（11）：815-817.

[22] 马丽娜，汤哲，关绍晨等.社会家庭因素与老年人生命质量的相关性研究［J］.中国老年学杂志，2009，29（9）：1128-1129.

[23] 彭川宇，曾珍.老年教育与老年人社会参与之关系及其对策探究［J］.老龄科学研究，2017（8）：37-44.

[24] 彭海瑛，郑志学，朱汉民等.4510名老年人认知功能调查结果的分析［J］.中国老年学杂志，1999（2）：2-4.

[25] 彭希哲，卢敏.老年人口死亡概率时代变迁与老年定义的重新思考［J］.人口与经济，2017（2）：1-10.

[26] 全国老龄工作委员会办公室.国外涉老政策概览［M］.北

京：华龄出版社，2010.

[27] 施祖美. 老龄事业与创新社会管理 [M]. 北京：社会科学文献出版社，2013.

[28] 宋其辉. 英国老年教育研究 [J]. 比较教育研究，2008，30 (5)：82-85.

[29] 宋全成，崔瑞宁. 人口高速老龄化的理论应对——从健康老龄化到积极老龄化 [J]. 山东社会科学，2013 (4)：36-41.

[30] 王大华，佟雁，周丽清，等. 亲子支持对老年人主观幸福感的影响机制 [J]. 心理学报，2004 (1)：81-85.

[31] 王素英，张作森，孙文灿. 医养结合的模式与路径——关于推进医疗卫生与养老服务相结合的调研报告 [J]. 社会福利，2013 (12)：13-16.

[32] 王英，谭琳. "非正规" 老年教育与老年人社会参与 [J]. 人口学刊，2009 (4)：43-48.

[33] 王英，谭琳. 赋权增能：中国老年教育的发展与反思 [J]. 人口学刊，2011 (1)：32-41.

[34] 魏太星. 现代老年学 [M]. 郑州大学出版社，2001.

[35] 吴捷. 老年人社会支持、孤独感与主观幸福感的关系 [J]. 心理科学，2008 (4)：218-220，238.

[36] 吴玉韶，党俊武. 中国老龄事业发展报告 (2013) [M]. 北京：社会科学文献出版社，2013.

[37] 吴振云. 21 世纪我国的老年心理学 [J]. 中国老年学杂志，1999 (6)：371-372.

[38] 许晓芸. 老化预防与社工介入：积极老龄化视野中的高龄老人社会参与 [J]. 社会工作与管理，2019 (5)：52-60.

[39] 杨宏，谭博. 西方发达国家老龄产业的发展经验及启示 [J]. 经济纵横，2006 (13)：65-66.

[40] 杨晶晶，郑涌. 代际关系：老年心理健康研究的新视角 [J]. 中国老年学杂志，2010，30 (19)：2875-2878.

[41] 叶瑞繁, 张美兰, 徐书雯. 社会网络、社会支持对离退休老年病人生存质量的影响 [J]. 中国临床心理学杂志, 2007, 15 (6): 584–587.

[42] 岳瑛. 外国老年教育发展现状及趋势 [J]. 外国教育研究, 2003 (10): 63–66.

[43] 翟振武, 李龙. 老年标准和定义的再探讨 [J]. 人口研究, 2014 (6): 59–65.

[44] 张冲, 张丹. 城市老年人社会活动参与对其健康的影响——基于CHARLS 2011年数据 [J]. 人口与经济, 2016 (5): 55–63.

[45] 张恺悌. 中国城乡老年人社会活动和精神心理状况研究 [M]. 中国社会出版社, 2009.

[46] 赵晓芳. 健康老龄化背景下"医养结合"养老服务模式研究 [J]. 兰州学刊, 2014 (9): 129–136.

[47] Banks, J., & Mazzonna, F. (2012). The effect of education on old age cognitive abilities: evidence from a regression discontinuity design. *Economic Journal*, 122 (560), 418–448.

[48] Berk, L. E. (2010). *Development through the lifespan*. Pearson Education India.

[49] Birren, J. E. (1977). *Handbook of the Psychology of Aging*. Academic Press.

[50] Collom, E. (2008). Engagement of the elderly in time banking: the potential for social capital generation in an aging society. *Journal of Aging & Social Policy*, 20 (4), 414–436.

[51] Guralnik, J. M., & Kaplan, G. A. (1989). Predictors of healthy aging: prospective evidence from the alameda county study. *American Journal of Public Health*, 79 (6), 703–708.

[52] Hasher, L., & Zacks, R. T. (1988). Working memory, comprehension, and aging: a review and a new view. *Psychology of Learning and Motivation*, 22, 193–225.

[53] Hultsch, D. F., Hertzog, C., Small, B. J., & Dixon, R. A. (1999). Use it or lose it: engaged lifestyle as a buffer of cognitive decline in aging?. *Psychology and Aging*, 14 (2), 245 – 263.

[54] Beard, J. R., Officer, A., De Carvalho, I. A., Sadana, R., Pot, A. M., Michel, J. P., & Thiyagarajan, J. A. (2016). The World report on ageing and health: a policy framework for healthy ageing. *The lancet*, 387 (10033), 2145 – 2154.

[55] Lee, S. (2013). Factors affecting social participation of the elderly living in poverty. *Korean Journal of Community Living Science*, 24 (3), 343 – 354.

[56] Levy, R. (1994). Aging-associated cognitive decline. *International Psychogeriatrics*, 6 (1), 63 – 68.

[57] Liu, A. Q., & Besser, T. (2009). Social capital and participation in community improvement activities by elderly residents in small towns and rural communities. *Rural Sociology*, 68 (3), 343 – 365.

[58] Mazzonna, F., & Peracchi, F. (2012). Aging, cognitive abilities and retirement. *CEIS Research Paper*, 56 (4), 691 – 710.

[59] Michael, Y. L., Colditz, G. A., Coakley, E., & Kawachi, I. (2000). Health behaviors, social networks, and healthy aging: cross-sectional evidence from the nurses' health study. *Quality of Life Research*, 8 (8), 711 – 722.

[60] Norton, D. (1983). The university of the third age: developments and testimonies. *Higher Education Quarterly*, 38 (1), 16 – 26.

[61] World Health Organization. (2002). *Active ageing: A policy framework* (No. WHO/NMH/NPH/02.8). Geneva: World Health Organization.

[62] World Health Organization. (2008). *Older persons in emergencies: an active ageing perspective*.

[63] Oxman, T. E., Freeman, D. H., & Manheimer, E. D.

(1995). Lack of social participation or religious strength and comfort as risk factors for death after cardiac surgery in the elderly. *Psychosomatic Medicine*, 57 (1), 5–15.

[64] Laslett, P. (1987). The emergence of the third age. *Ageing & Society*, 7 (2), 133–160.

[65] Porter, N. (1989). The art of aging: a review essay. *Womens Studies Quarterly*, 17 (1/2), 97–108.

[66] Rowe, J. W. & Kahn, R. L. (1987). Human aging: usual and successful. *Science*, 237 (4811), 143–149.

[67] Salthouse, T. A. (2006). Mental exercise and mental aging: evaluating the validity of the "use it or lose it" hypothesis. *Perspectives on Psychological Science*, 1 (1), 68–87.

[68] West & Robert, L. (1996). An application of prefrontal cortex function theory to cognitive aging. *Psychological Bulletin*, 120 (2), 272–292.

[69] Zeithaml, V. A., & Gilly, M. C. (1987). Characteristics affecting the acceptance of retailing technologies: a comparison of elderly and nonelderly consumers. *Journal of Retailing*, 63 (1), 49–68.

后　记

　　我国第五次全国人口普查数据显示，早在 2000 年，65 岁及以上的老年人口就已超过 8900 万人，占当时总人口的 7.1%，超过世卫组织制定的 7% 的标准。这意味着我国约在 2000 年前后已正式进入老龄化社会。

　　尽管老龄化社会早已从可以"预见"的未来，成为正在"遇见"的现实，但"老龄化社会"的概念对于大众而言，似乎仍有着距离感和不真实感。而在老龄化问题的探讨中，大多数的目光也聚焦于老龄化给政治、经济与文化等社会宏观层面带来的颠覆与机遇。而对正处于身份转换中的新一代老年群体的特征、需求和价值，人们则知之较少。

　　"新老年"群体相比传统认知中的老年人有哪些不同？"新老年"群体有哪些亟待满足的需求，怎么满足？身体机能衰退、离开原有岗位的老年人对于社会和他人还有什么价值？如何为老年人增权赋能？老年个体自身在这一过程中又会发挥什么作用，应当做何努力？这些正是我们在有限的篇幅与能力范围内，想着力回答和探讨的问题。

　　希望本书能对老年社会工作者、老龄产业从业者和所有关心老龄事业的人，特别是广大老年朋友有所帮助。欢迎读者朋友的批评指正！

作　者
2020 年 7 月